Regressou numa esteira de Luz

Gerson Simões Monteiro

Regressou numa esteira de Luz

Atitudes e exemplos que elevam a alma e trazem equilíbrio físico e espiritual

1ª edição

Editora Ideia Jurídica

REGRESSOU NUMA ESTEIRA DE LUZ

Editor:	*Cláudio Luiz Brandão José*
Capa e diagramação:	*Rogério Mota*
Revisão:	*Maria Flavia dos Reis Amambahy*
1ª edição	*2014*
Impresso no Brasil	*Printed in Brazil*

Eij

Editora Ideia Jurídica Ltda.
editorial@editoraeij.com.br
Tel. (21) 3437-3400 / 3437-4400

DADOS INTERNACIONAIS PARA CATALOGAÇÃO NA PUBLICAÇÃO (CIP)

M776r

Monteiro, Gerson Simões, 1936-
Regressou numa esteira de luz : atitudes e exemplos que elevam a alma e trazem equilíbrio físico e espiritual / Gerson Simões Monteiro. - 1. ed. - Rio de Janeiro : Ideia Jurídica, 2014.
124 p. : il. ; 21 cm.

ISBN 978-85-87873-46-0

1. Espiritismo. I. Título.

CDD- 133.9

JOSÉ CARLOS DOS SANTOS MACEDO – BIBLIOTECÁRIO CRB7 N.3575

Sumário

Breve Introdução

VOCÊ VAI LER NESSA OBRA – *Regressou Numa Esteira de Luz*, textos que abordam questões relativas à benevolência, à indulgência e ao perdão, a nosso ver, eficazes antídotos de muitas de nossas doenças. Para confirmar esta assertiva, trazemos as considerações do Espírito Emmanuel no capítulo "Saúde", da obra *Pensamento e Vida*, psicografada por Chico Xavier, ao dizer:

> A saúde é assim como a posição de uma residência que denuncia as condições do morador, ou de um instrumento que reproduz em si o zelo ou a desídia das mãos que o manejam.
>
> A falta cometida opera em nossa mente um estado de perturbação ao qual não se reúnem simplesmente as forças desvairadas de nosso arrependimento, mas também as ondas de pesar e acusação da vítima e de quantos se lhe associam ao sentimento, instaurando desarmonias de vastas proporções nos centros da alma, a percutirem sobre a nossa própria instrumentação.
>
> Semelhante descontrole apresenta graus diferentes, provocando lesões funcionais diversas.

> A cólera e o desespero, a crueldade e a intemperança criam zonas mórbidas de natureza particular no cosmo orgânico, impondo às células a distonia pela qual se anulam quase todos os recursos de defesa, abrindo-se leira fértil à cultura de micróbios patogênicos nos órgãos menos habilitados à resistência.
>
> É assim que, muitas vezes, a tuberculose e o câncer, a lepra e a ulceração aparecem como fenômenos secundários, residindo a causa primária no desequilíbrio dos reflexos da vida interior.
>
> ...Nossas emoções doentias mais profundas, quaisquer que sejam, geram estados enfermiços.

Vamos trazer, também, o depoimento do Dr. Deepak Chopra, que ao atender seus pacientes com câncer em sua clínica na Califórnia, ilustra que a doença se expressa no corpo, mas vem da alma. Nesse sentido, o Dalai Lama e Daniel Goleman, no livro *Emoções Destrutivas*, fazem inúmeras reflexões quanto ao processo do emocional tóxico carregado por longo tempo e suas consequências.

Pois bem, se o Dr. Deepak Chopra diz que as doenças vêm da alma podemos, por dedução, concluir *que a saúde também*. Quem vive na faixa do bem, é capaz de compreender o outro e não guarda ressentimentos, criando em torno de si a energia do Amor; a criação desse campo amoroso irá manter a saúde e, em alguns casos, incrementar a cura, não apenas a física, mas, também, a mental, emocional e espiritual.

O perdão passou também a ser investigado pela medicina. Os vários estudos em andamento seguem a tendência de analisar a influência das emoções na saúde. Perdoar, imagina-se, livra o corpo de substâncias que só fazem mal. Essa tese faz parte do livro *O poder do perdão*, do psicólogo americano Frederic Luskin.

Desde a antiguidade, o homem tem considerado o potencial da alma e do amor como agentes de cura e de equilíbrio da saúde. Em muito ganhará a ciência da saúde quando admitir que a simbiose existente entre a alma e o corpo faz com que um interfira no outro, tanto para o equilíbrio quanto para o desequilíbrio da saúde.

As potências da alma são determinantes para a manutenção da saúde e para a efetivação da cura. E como o maior potencial da alma é o Amor – maior dos sentimentos –, despertá-lo em si mesmo é a essência de qualquer processo terapêutico para levar a pessoa – ser integral – a aprender, no ato de amar a si mesma e ao próximo, que somente o amor pode trazer paz de espírito e saúde ao corpo.

Portanto, esta obra – *Regressou Numa Esteira de Luz*, se propõe exatamente a desenvolver temas relacionados à conquista da paz de espírito, fruto dos sentimentos gerados pela Benevolência, pela Indulgência e pelo Perdão, que é expressão da caridade como entendia Jesus, com base na resposta à questão 886 de *O Livro dos Espíritos*, codificado por Allan Kardec.

Vale esclarecer que incluímos, também, extratos biográficos de criaturas que na Terra vivenciaram plenamente a caridade como a entendia Jesus, para demonstrar que é possível viver os seus ensinos nesse mundo.

O Autor

1. Vamos nos Conhecer?

COMO VOCÊ SABE, é sempre fácil examinar as consciências alheias, identificar os erros do próximo, opinar em questões que não nos dizem respeito, indicar as fraquezas dos semelhantes, educar os filhos dos vizinhos, reprovar as deficiências dos companheiros, corrigir os defeitos dos outros, aconselhar o caminho reto a quem passa, receitar paciência a quem sofre e retificar as más qualidades de quem segue conosco, segundo o benfeitor espiritual André Luiz, pelo médium Chico Xavier. Com base nisso, creio que é mais do que oportuno refletirmos no pensamento encontrado por Sócrates no Santuário de Delfos, em Atenas, na Grécia: *Gnothi Seauton*, cuja tradução quer dizer: "Homem, conhece-te a ti mesmo."

A base dessa proposta para o autoconhecimento está na estrutura da filosofia desse grande filósofo grego, oriunda de sua escola maiêutica, que tem por método a dialética para se chegar ao conhecimento (estabelecimento de perguntas e respostas). É bom lembrar que esse método foi o mesmo empregado por Allan Kardec na elaboração de *O Livro dos Espíritos*.

As perguntas para essa autoanálise, que você mesmo pode responder, são as seguintes:

Quem sou eu?
O que eu faço?
Qual a qualidade do que produzo?

Essas três perguntas têm por objetivo sabermos:

Como nós nos vemos?
Como as pessoas nos veem?
Qual a nossa imagem que gostaríamos de passar para os outros?

JANELA DE JOHARI

Para melhor entendimento desse assunto, utilizarei a figura facilitadora da "Janela de Johari", apresentada no livro *Desenvolvimento Interpessoal*, de Fela Moscovici. A Janela nada mais é do que as iniciais dos nomes dos autores Joseph Luft e Harry Ingham. Este modelo diz que existem áreas do nosso comportamento e atitudes que nós conhecemos e outras que não conhecemos. As pessoas que se relacionam conosco também enxergam nossos comportamentos e atitudes, da forma deles, tendo também uma área conhecida para eles sobre a nossa pessoa e uma outra área desconhecida, como mostra a Figura 1 abaixo apresentada.

A janela representando a nossa personalidade é dividida ao meio. Na sua primeira parte, temos o lado "Conhecido pela Pessoa"; na segunda parte, o lado "Desconhecido pela Pessoa". Porém, tanto a primeira quanto a segunda são subdivididas, por sua vez, em duas áreas cada uma.

Na subdivisão da primeira parte, correspondente ao lado "Conhecido pela Pessoa", encontramos a "Área Aberta", ou seja, a que é conhecida por nós e também conhecida das pessoas do nosso convívio. São, na verdade, as nossas características, habilidades, maneiras de falar etc.

Já na sua segunda subdivisão, situa-se a "Área Oculta". Ela é conhecida perfeitamente por nós, mas é desconhecida dos outros. Nós escondemos a nossa realidade interior, ocultando nossos desejos e pensamentos secretos das pessoas com quem convivemos. Costuma-se dizer quanto a isso: "Lobo vestido em pele de cordeiro".

Na subdivisão da segunda grande parte da janela – a "Desconhecida pela Pessoa", encontra-se a "Área Cega". Nós de fato não a enxergamos e a desconhecemos. No entanto, ela pode ser percebida pelos outros. Exemplificando: os outros veem os nossos defeitos com facilidade, mas nós não nos apercebemos deles e até ficamos surpresos quando alguém os identifica para nós.

Finalmente, na outra subdivisão da segunda parte da Janela de Johari, encontra-se a "Área Desconhecida". Esta área da nossa personalidade é oculta até para nós mesmos, bem como para as pessoas do nosso convívio. É a área do arquivo do inconsciente, um "eu desconhecido".

JANELA DE JOHARI

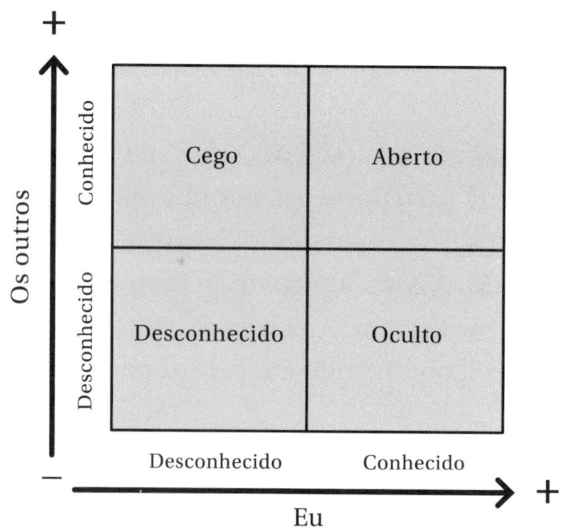

- O seu "Eu Aberto" é aquele que tanto você como as outras pessoas conhecem e percebem.

- O seu "Eu Oculto" é aquele que só você conhece.

- O seu "Eu Cego" é aquele que só você não vê, mas os outros conhecem.

- O seu "Eu Desconhecido" é aquele que nem você nem os outros têm acesso.

Com a Janela de Johari é possível perceber em que bases cada um de nós atuamos em nossos relacionamentos.

PEQUENO TESTE PARA SUA AUTOANÁLISE

Antes de você ler os capítulos deste livro, gostaria de lembrar que o conhecimento de nós mesmos, que chamaríamos de segredo do nosso autoconhecimento, segundo Santo Agostinho, na questão 919-a de *O Livro dos Espíritos*, "é a chave do nosso progresso individual", base da nossa evolução em direção à perfeição espiritual. Neste sentido, apresento, a título de sugestão, um teste para ajudá-lo na sua autoanálise.

Comecemos então:

- Você já foi capaz de responder cinco vezes a mesma pergunta que alguém lhe fez, sem irritar-se e sem perguntar se ela é surda?

- De orar a Deus pedindo ajuda para uma pessoa que lhe prejudicou ou que está lhe prejudicando?

Bem, se você passou nessas duas provas, a da paciência e a do perdão, responda agora o seguinte:

- Você já conseguiu compreender alguém que praticou uma falta grave, dando-lhe uma nova oportunidade para se corrigir?

- Você já foi capaz de sorrir para o motorista que deu uma fechada no seu carro, ou para alguém que fechou a cara para você, sem mais nem menos?

Se nessas situações você demonstrou compreensão e tolerância, parabéns você está indo muito bem no teste para medir o seu grau de espiritualidade. Acontece, porém, que no curso de aperfeiçoamento moral que estamos realizando na Terra, existem outras matérias nas quais precisamos ser aprovados para sermos promovidos no curso da evolução espiritual.

Senão vejamos:

- Você continua praticando a caridade, mesmo recebendo a ingratidão do beneficiado?
- Usa sempre de gentileza, principalmente com as pessoas mais humildes?
- Trata os seus familiares do mesmo modo como trata as visitas?
- Não fala mal de ninguém em nenhuma circunstância?
- Vive honestamente sem prejudicar o governo e o seu próximo?
- É incapaz de guardar mágoas e ressentimentos no seu coração quando ofendido?

Caso você não tenha alcançado uma boa avaliação neste pequeno teste, leia e reflita nos textos desta obra e continue trabalhando por melhorar-se, pois todas as criaturas humanas podem fazer o esforço de autoiluminação, por mais erradas que estejam. A nossa esperança é a de que nós, filhos de Deus, através das reencarnações sucessivas, haveremos de alcançar a mesma pureza espiritual de Jesus.

Falta muito para isso, é bem verdade, mas todos nós a alcançaremos, pois a evolução é Lei Divina!

Bem, depois de sua autoanálise, inicie a leitura dos capítulos a seguir. Boa sorte!

2. A Paciência é uma Caridade

"É na paciência que ganhareis as vossas almas."
Jesus

Certo homem faminto e sem dinheiro, caminhando por uma estrada que margeava um rio caudaloso, viu no chão uma nota de cem reais encoberta pela poeira. Mais do que depressa recolheu-a em suas mãos e verificou surpreso que era apenas a metade da cédula.

Irritado com a sua falta de sorte amassou-a entre os dedos e jogou-a no rio. Ao andar mais alguns metros, deparou-se com a outra parte da nota; no entanto, era tarde demais, porque a correnteza já havia levado a outra metade para bem longe. Pelo visto, o que faltou a esse homem foi paciência, virtude indispensável para resolvermos os nossos problemas ou para vencermos as dificuldades no mundo em que vivemos.

Aliás, para sermos pacientes, é preciso, antes de tudo, educarmos a nossa vontade, ou melhor, nos segurarmos por dentro, controlando os impulsos de nosso mundo interior. Isso, na realidade, só depende de nós mesmos e de mais ninguém, porque a conquista do *saber esperar* é fruto do nosso esforço. E é por isso mesmo que ninguém é culpado quando ficamos impacientes.

Na verdade, a paciência é uma caridade como nos ensina *O Evangelho Segundo o Espiritismo*, publicado por Allan Kardec. Esclarece esse livro, também, que a caridade mais meritória é a de perdoarmos aos que Deus colocou em nosso caminho para serem instrumentos do nosso sofrer e para nos porem à prova a paciência.

A cada momento somos testados em matéria de paciência por todos os lados. O teste pode vir do parente difícil dentro de casa; do colega de trabalho intratável; do chefe opressor; ou do motorista que buzina atrás do nosso veículo, querendo que avancemos o sinal para ele passar. Não reagir e nem passar recibo às ofensas nesses casos será sempre uma forma inteligente de conquistarmos a tranquilidade íntima.

3. Perdoar é Ser Inteligente

> "Pode ser que você esteja sofrendo não por algo que outras pessoas lhe fizeram, mas pela forma errada como lida com seus sentimentos. Reconhecer isso é o primeiro passo para se libertar do rancor e perdoar."
>
> Chico Xavier

"PERDOAR AOS INIMIGOS É pedir perdão para si próprio; perdoar aos amigos é dar-lhes uma prova de amizade; perdoar as ofensas é mostrar-se melhor do que era." Esses pensamentos são do Espírito Paulo, apóstolo, na mensagem sobre o perdão das ofensas em *O Evangelho Segundo o Espiritismo*, de Allan Kardec.

Paulo também lembra que há duas maneiras bem diferentes de perdoar: o perdão dos lábios e o do coração. Muitas pessoas dizem, com referência ao seu adversário: "eu lhe perdoo", mas, interiormente, alegram-se com o mal que ele sofre e ainda comentam: "Bem que ele merecia".

Analisa o Apóstolo, em sua mensagem, que "perdoar aos amigos é dar-lhes uma prova de amizade", e que desculpar setenta vezes sete vezes, como proposto por

Jesus, não é somente uma indução ao perdão diante dos declarados inimigos, mas é, também, um princípio a ser aplicado aos parentes, amigos e pessoas de nossa convivência.

E convenhamos, se nós mesmos ainda não atingimos a perfeição, e se também somos capazes de errar, como cobrar dos nossos desafetos atitudes impecáveis? Não podemos esquecer que a falta de perdão gera ressentimento, que funciona como peso morto na área do sentimento, levando inevitavelmente a um desequilíbrio espiritual.

Emmanuel, no livro *O Consolador*, psicografado pelo médium Chico Xavier, diz o seguinte: "A Terra é um plano de experiências e resgates, por vezes bastante penosos, e aquele que se sinta ofendido por alguém não deve esquecer que pode também errar setenta vezes sete".

Tais comentários, que estão no livro de nossa autoria, *Entusiasmo para Viver e Ser Mais Feliz* – trazem o seguinte exercício para você responder:

O que é mais fácil?:

• perdoar os amigos ou os inimigos?

- vale a pena ter inimigos na vida?

- você já procurou fazer as pazes com os amigos que já lhe prejudicaram?

- e quanto aos inimigos declarados, você já fez de tudo para acabar a inimizade com ele?

RECONCILIAÇÃO

Não devemos esquecer que perdoar, além de ser um gesto de bondade, também é uma demonstração de inteligência, porque ter inimigos é sempre um grande e péssimo negócio na vida – nesta vida e no plano espiritual –, e foi por isso mesmo que Jesus nos aconselhou: "Reconciliai-vos o mais depressa possível com o vosso adversário, enquanto estais a caminho".

4. Nunca Reclamou da Vida

> "De onde vêm, para o homem, suas qualidades morais, boas ou más?
> 'São do Espírito encarnado nele; quanto mais o Espírito for puro, mais o homem é levado ao bem'."
>
> Allan Kardec. *O Livro dos Espíritos*, q. 361.

AS PALAVRAS DE JESUS, no Sermão da Montanha: "Bem-aventurados os que têm puro o coração, porquanto verão a Deus", aplicam-se a Hamilton Naki, um sul-africano de 78 anos, desencarnado em maio de 2005. A história dele é uma das mais extraordinárias do século XX, pois Naki era um grande cirurgião. Foi ele quem retirou, do corpo da doadora, o coração transplantado para o peito de Louis Washkanky, em dezembro de 1967, na Cidade do Cabo, África do Sul, na primeira operação bem-sucedida de transplante cardíaco humano.

Naki era talvez o segundo homem mais importante da equipe que fez o primeiro transplante de coração da história, mas não podia aparecer porque era negro no país do *apartheid*. O cirurgião-chefe do grupo, Christian Barnard, tornou-se uma celebridade mundial instantaneamente, mas Hamilton Naki não podia nem sair nas fotografias da equipe. Quando apareceu em uma delas, por descuido, o hospital informou que se tratava de um faxineiro.

Ele largou a escola aos 14 anos, foi jardineiro na Escola de Medicina da Cidade do Cabo, mas aprendia depressa e era curioso. Tornou-se o faz-tudo na clínica cirúrgica da escola, onde os médicos treinavam as técnicas de transplante em cães e porcos. Começou limpando os chiqueiros. Aprendeu cirurgia assistindo às experiências com animais. Tornou-se um cirurgião excepcional, a tal ponto que Barnard o requisitou para sua equipe. Naki, negro, não podia operar pacientes, no entanto, o hospital abriu uma exceção para ele.

Virou um cirurgião, mas clandestino. Era o melhor, dava aulas aos estudantes brancos, mas ganhava salário de técnico de laboratório, o máximo que o hospital podia pagar a um negro. Vivia num barraco sem luz elétrica nem água corrente, num bairro do subúrbio.

Hamilton Naki ensinou cirurgia durante 40 anos e aposentou-se com uma pensão de jardineiro, de 275 dólares por mês. Depois que o *apartheid* acabou na África do Sul, isto é, a separação entre brancos e negros imposta pelo racismo, Naki ganhou uma condecoração e um diploma de médico *honoris causa*. Jamais reclamou das injustiças que sofreu a vida toda, vencendo essas provas usando a humildade e a simplicidade exemplificadas pelo Cristo.

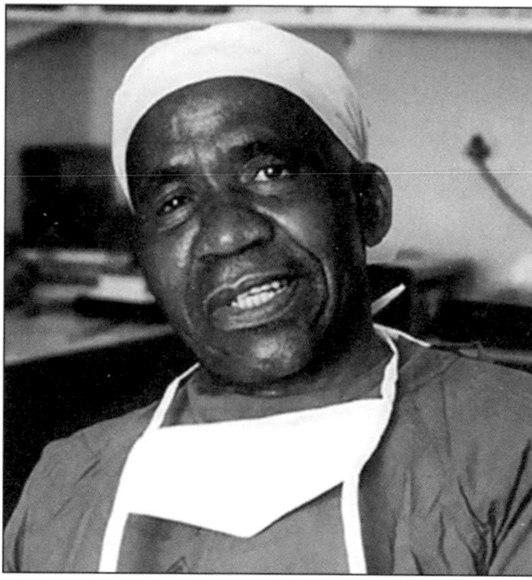

Dr. Hamilton Naki

5. É Preciso Ser Mais Humilde

"Pensamos demasiadamente. Sentimos muito pouco. Necessitamos mais de humildade que de máquinas, mais de bondade e ternura que de inteligência. Sem isso, a vida se tornará violenta e tudo se perderá."

Charles Chaplin

CERTO DIA, JESUS FOI PROCURADO por Efraim Ben Assef, revolucionário de Israel, que vivia em Jerusalém com a finalidade de lutar contra o poderio romano que dominava o povo judeu. Ao perguntar ao Messias sobre como ele devia agir quando os orgulhosos e os vaidosos, detentores da autoridade e do poder, multiplicassem as lágrimas dos oprimidos, recebeu de Jesus a seguinte resposta: "Efraim, é preciso ser mais humilde e servir mais".

Não satisfeito com esta resposta, o caudilho israelita continuou questionando o Cristo quanto à maneira de encarar a violência dos perseguidores de seu povo. Ao longo desse diálogo, Efraim, porém, só ouviu de Jesus palavras de compreensão e de bondade, a fim de ele superar agressões e injustiças: "É preciso mais brandura e servir mais...", "É preciso mais paciência e servir mais...", e por último, "É preciso mais perdão e servir mais...".

Depois do Cristo ter dado essas respostas, Efraim saiu bastante irritado, sem despedir-se de ninguém, porque o que ele queria mesmo era envolver o Mestre em seus planos revolucionários de revidar com violência aos romanos. Decorridos dois dias desse encontro, quando os guardas do Sinédrio chegaram para prender Jesus, o próprio Efraim Ben Assef estava à frente dos soldados, e, sorrindo, amarrou o pulso do Cristo, qual se prendesse um terrível marginal, perguntando sarcástico:

– Não reages, Galileu? – mas Jesus pousou em Efraim, de novo, o olhar tranquilo e disse apenas: "É preciso compreender e servir mais...". Jesus, neste episódio, deixou bem claro que a única forma de extinguir a violência é através da tolerância, da paciência e do perdão, porque não há outra solução para acabar com ela.

DIANTE DOS INIMIGOS

Esse fato, narrado no livro *Ideias e Ilustrações*, pelo Espírito Humberto de Campos, psicografado pelo médium Chico Xavier, nos ensina, portanto, como agir diante dos nossos inimigos, dos que nos ofendem sem mais nem menos, dos ingratos que nos atiram pedras depois de serem beneficiados pelas nossas mãos. É a receita para a nossa felicidade.

Convenhamos, também, que se formos à forra de uma violência recebida contra nós, ou contra os nossos familiares, revidarmos com outro ato violento, ou seja, "pagar com a mesma moeda", cairemos num círculo vicioso, alimentando a própria violência. Foi por isso que Jesus, antes de sair da Terra dependurado numa cruz, apontou-nos o caminho e a única saída para a paz, ao rogar a Deus o perdão para seus algozes. Não há outra saída mesmo! Sem perdão não há solução para a paz!

6. A Caridade da Língua

> "Se a maledicência visita o seu caminho, use o silêncio antes que a lama revolvida se transforme em tóxicos letais."
>
> André Luiz

DONA DULCE E SUA AMIGA Cecília conversando no ônibus não perceberam que Dona Lequinha sentara-se bem perto e estava de ouvido atento ao que diziam as duas amigas. A conversa girava em torno de Dionísio, o gato de estimação de Dona Dulce. No entanto, Dona Lequinha entendeu que elas estavam falando era de outro homem na vida de Dona Dulce. E o mal-entendido aumentou mais ainda quando um rapaz, ao descer, dirigindo-se a esta última disse-lhe: "Vá tranquila, amanhã telefonarei".

Ao chegar em casa, Lequinha começou a falar com o marido: "Você não sabe o que vi hoje. Dona Dulce, que sempre nos pareceu uma santa, está de aventuras". E foi por aí. O marido de Lequinha, como era colega de trabalho de Júlio, esposo de Dona Dulce, na mesma oficina, procurou-o logo pela manhã e em tom sigiloso comentou tudo o que sua mulher teria visto no ônibus, no dia anterior.

Júlio escutou a denúncia e foi para casa mais cedo. No fundo ansiava por um entendimento com a esposa, aconselhá-la, saber o que havia decerto. Chegando em casa, ouviu Dona Dulce que falava ao telefone. "Ah! Sim!"..., "Não há problema", "Hoje mesmo". "Às três horas"... "Meu marido não pode saber"...

Júlio ficou perambulando pela rua, e depois das três da tarde entrou sutilmente no lar. Entreabriu devagarinho a porta do quarto e viu um rapaz em mangas de camisa, a inclinar-se sobre o seu próprio leito. De imaginação envenenada, concebeu a pior interpretação, e no galpão dos fundos da casa infelizmente enforcou-se.

Só então, no velório, ao choro de Dona Dulce, a fofoca foi totalmente esclarecida. Dionísio era apenas o belo gatinho angorá que ela criava; o moço do ônibus que ficou de telefonar era o veterinário que tratava do gato doente; o telefonema que Júlio ouvira às três horas era sobre a encomenda que Dona Dulce fizera de um colchão de molas para fazer uma surpresa ao marido; e o rapaz que estava no quarto era exatamente o empregado da casa de móveis.

A tragédia estava consumada e Dona Lequinha, diante do suicida exposto no caixão, comentou baixinho com a amiga a seu lado: "Que homem precipitado!... morrer por uma bobagem! A gente fala certas coisas, só por falar!..." (História narrada pelo Irmão X, no livro *Ideias e Ilustrações*, psicografado por Chico Xavier.)

Diante da maledicência de Dona Lequinha, a maior culpada nessa história, pois foi quem puxou "o fio da meada", lembro o que meu amigo Manoel Franco, na época Presidente do Centro Espírita Filhos de Deus, do Hospital de Curupaiti, dizia: "Deus foi muito sábio ao dar ao homem duas pernas, dois braços, dois olhos, dois ouvidos e uma língua só..." Já pensou Dona Lequinha e seu marido com duas línguas cada um?

PASSAR PELOS TRÊS CRIVOS

Sobre esse assunto vale aqui o ensinamento de Sócrates, o grande filósofo grego, quando alguém muito aflito queria lhe contar alguma coisa de muito grave. Sócrates, imediatamente perguntava se ela já havia passado pelos três crivos, ou seja, por três peneiras o que pretendia dizer. A primeira se era verdadeira; a segunda se era boa; e a terceira se era útil. Como o visitante respondendo disse que ele não tinha certeza da veracidade do que ia falar, pois "ouviu dizer"; que não era nada de bom e agradável o seu comentário; e que não era nada proveitoso e nem útil a sua fala, Sócrates rematou com um sorriso:

– Bem, se o que me tens a confiar não é verdadeiro, nem bom e nem útil, esqueçamos o problema e não te preocupas com ele, já que nada valem casos sem qualquer edificação para nós...

7. Quem Ama Perdoa

> "Então Pedro, aproximando-se de Jesus, disse: – Senhor, até quantas vezes pecará meu irmão contra mim e eu lhe perdoarei? Até sete? – Jesus lhe disse: – Não te digo que até sete, mas até setenta vezes sete."
>
> (*Mateus*, 18:21 a 22.)

"PERDÃO FOI FEITO prá gente pedir", recomenda antiga canção popular brasileira; e por que não pedir, já que com esse gesto podemos evitar grandes males na vida?

Basta um gesto de humildade em busca da reconciliação para acabar com desavenças, brigas e até para evitarem-se muitas tragédias nesse mundo. E, de mais a mais, pedir perdão não é ser "sem-vergonha" ou covarde, muito pelo contrário, é ser corajoso e digno do louvor de Deus.

Por outro lado, aquele que perdoa também dá uma demonstração de grandeza espiritual. Esquecer as ofensas recebidas é sempre um gesto das grandes almas.

Diz Allan Kardec, em *O Evangelho Segundo o Espiritismo*, que na prática do perdão, além do efeito moral, há também um efeito material. Isso se dá porque o inimigo morrendo e sendo vingativo, na condição de espírito desencarnado, persegue o seu inimigo com ódio e rancor, causando, através disso, sérios desequilíbrios mentais, que podem mesmo levar a criatura encarnada à loucura.

Em verdade, o único modo de se livrar do perseguidor espiritual, isto é, da chamada obsessão, é perdoar sinceramente. Não há outro jeito senão a prática do que ensinou Jesus a Pedro: "Perdoa não sete vezes, mas setenta vezes sete", ou seja, perdoa sempre e incondicionalmente, porque Deus não consente àquele que perdoou que sofra qualquer vingança.

Quando Jesus recomenda que nos reconciliemos o mais cedo possível com o nosso adversário, não é somente objetivando apaziguar as discórdias durante a nossa atual existência, é, principalmente, para que essas desavenças não se perpetuem em encarnações futuras. Por essa razão disse o Cristo: "Não saireis de lá, da prisão, enquanto não houverdes pago até o último centavo", isto é, enquanto não tivermos cumprido completamente a justiça de Deus.

QUEM AMA PERDOA

A alma que não perdoa, retendo o mal consigo, assemelha-se ao vaso cheio de lama e fel. Não há coração que possa reconfortar o nosso, pois quem ama perdoa. Quem ama é feliz!

8. A Força do Exemplo

"Assim, quando derdes esmola, não trombeteeis, como fazem os hipócritas nas sinagogas e nas ruas, para serem louvados pelos homens. Digo-vos, em verdade, que eles já receberam sua recompensa. – Mas, quando derdes esmola, não saiba a vossa mão esquerda o que jaz a vossa mão direita; – a fim de que a esmola fique em segredo, e vosso Pai, que vê o que se passa em segredo, vos recompensará."

(*Mateus*, 6:1 a 4.)

JOSÉ LUIZ DO ESPÍRITO SANTO, modesto espírita de Nilópolis, município do Estado do Rio de Janeiro, falava à porta do Centro, a pequeno grupo de amigos: – Sim, meus irmãos, a caridade é a maior bênção.

Nisso, passam dois estudantes, ouvem breves trechos da palestra e avançam conversando: – Você ouviu? Todo espírita é só "fachada"! Realmente. Fazem as coisas "para inglês ver".

Logo depois, os rapazes deparam com infeliz mendigo. Pálido e doente. Sem paletó. Camisa em frangalhos. Pele à mostra. A tiritar de frio, estende-lhes a mão magra. Um dos estudantes dá-lhe alguns centavos. Notam, então, que José Luiz do Espírito Santo vem vindo sozinho, pela rua. E um deles diz: – Olhe! Lá vem o "tal"! Aposto que não dará nada a esse homem. – Sim, vamos ver. Afastemo-nos um pouco, senão ele vai querer "fazer cartaz".

Os dois jovens ficaram escondidos na esquina, um pouco adiante. O pedinte roga auxílio. José chega junto dele e o abraça, fraterno. Em seguida, apalpa os bolsos e exclama: – Infelizmente, meu amigo, estou sem um níquel... Os jovens entreolham-se, rindo... Um deles recorda: – Não lhe disse? – O espírita condoeu-se, vendo a nudez do homem que tremia de frio. Deitou um olhar em torno para ver se estava sendo observado. Sentiu a rua deserta. Num gesto espontâneo, tirou o paletó. Dependurou a peça num portão de residência próxima, arrancou a camisa felpuda e, seminu, vestiu-a no companheiro boquiaberto, mas encantado.

A seguir, após recobrir, à pressa, o busto nu com o paletó, disse com simplicidade: – Meu amigo, é só isso que tenho hoje. Volte aqui mesmo amanhã. E estugou o passo para a frente, enquanto o necessitado sorria, feliz. No outro dia, os dois estudantes estavam no Centro Espírita ouvindo a pregação. (Extraído de *Almas em Desfile* – Edição FEB – Av. Passos, 30.)

COMENTÁRIO DE ALLAN KARDEC

Há grande mérito em fazer o bem sem ostentação; ocultar a mão que dá é ainda mais meritório; constitui sinal incontestável de grande superioridade moral, porque, para encarar as coisas de mais alto do que faz o vulgo, é preciso fazer abstração da vida presente e se identificar com a vida futura; numa palavra, é necessário colocar-se acima da Humanidade, para renunciar à satisfação que resulta do testemunho dos homens e esperar a aprovação de Deus. Aquele que prefere o sufrágio dos homens ao sufrágio divino, prova que tem mais fé nos homens do que em Deus e que dá mais valor à vida presente do que à vida futura, ou mesmo que não crê na vida futura. Se diz o contrário, age como se não acreditasse no que diz. (*O Evangelho Segundo Espiritismo*, cap. XIII, Item 3.)

José Luiz do Espírito Santo

9. Perdoar é Preciso

> "O ódio reveste o perispírito de sombras espessas. O perdão sincero dissipa as pesadas nuvens do ódio que revestem o organismo perispiritual."
>
> André Luiz

NÃO SE PODE NEGAR que é muito difícil conceder o perdão àqueles que nos prejudicam de uma forma ou de outra, ou que causam danos irreparáveis a um familiar, a um colega de trabalho, enfim, a qualquer membro da sociedade em que vivemos.

Embora seja muito difícil perdoar, no entanto é preciso, porque o ódio e o rancor, alimentados contra os inimigos de nossa tranquilidade e da nossa paz, são quais venenos mortíferos que instilamos em nós mesmos, tornando-nos a primeira vítima desses sentimentos doentios. Eis porque Jesus recomendou-nos amar os nossos inimigos para que não venhamos a viver amargurados e doentes do corpo e da alma.

Isto, porém, não nos impede de manifestarmos a nossa indignação diante de acontecimentos brutais que ferem profundamente a nossa sensibilidade de seres humanos. Diante da execução fria e desumana de Tim Lopes, da morte da menina de 15 anos por um homem-bomba na Palestina, quem é que não fica indignado? É só se colocar no lugar deles e no das famílias para sentirmos a extensão das barbaridades por eles sofridas.

Não esqueçamos, porém, de que nós precisamos do perdão de Deus, e para obtê-lo, a condição foi muito bem definida por Jesus na Oração Dominical: "Pai, perdoa as nossas dívidas, como perdoamos aos que nos devem". Portanto, para sermos perdoados, perante a Justiça Divina, precisamos igualmente perdoar os nossos ofensores.

E convenhamos: como reclamar a indulgência de Deus para com as nossas dívidas, se não formos indulgentes para com aqueles que nos dão motivos de queixas? O perdão, como expressão de amor, é próprio das almas nobres e elevadas. É a prática da verdadeira caridade que consiste no esquecimento e no perdão das ofensas. O perdão, ao ser praticado como antídoto da violência, tem como inspiração o exemplo do Cristo quando, dirigindo-se aos seus algozes do alto da cruz, sem reagir, pronunciou a inesquecível petição: "Pai, perdoa-lhes, porque não sabem o que fazem".

ORAÇÃO PARA PERDOAR

Se você deseja orar a Deus para pedir forças para perdoar, apresentamos a seguir uma prece sugerida por Allan Kardec em O *Evangelho segundo o Espiritismo*:

"Concede-nos, ó meu Deus, forças para apagar de nossa alma todo ressentimento, todo ódio e todo rancor. Faze que a morte não nos surpreenda guardando em nosso coração desejos de vingança. Se for da tua vontade, tirar-nos hoje mesmo deste mundo, faze que nos possamos apresentar, diante de ti, puros de toda animosidade, a exemplo do Cristo, cujos últimos pensamentos foram em favor dos seus algozes".

10. Abraços Que Salvaram Vidas

> "Aquele que tem caridade no coração tem sempre qualquer coisa para dar."
>
> Santo Agostinho

NO DIA 20 DE JULHO comemora-se o dia do Amigo, e por essa razão lembramos o quanto é importante abraçar com carinho e coração a quem amamos.

A propósito, não poderia deixar de falar de dois abraços que tocaram a minha emoção pelo fato de eles terem salvado vidas preciosas. Um deles foi dado num berçário de forma inusitada. O fato se deu com o nascimento de gêmeas prematuras que, ao nascerem, foram colocadas em duas incubadoras.

Uma das gêmeas não tinha condições de viver. Em razão disso, a chefe das enfermeiras, contrariando as regras hospitalares e na tentativa de salvá-la, acomodou as gêmeas numa mesma incubadora. A gêmea que estava bem abraçou a irmãzinha enferma, regulando dessa forma o calor do corpo, a temperatura e o pulso. Com esse abraço conseguiu restabelecer o ritmo cardíaco dela e salvar a sua vida.

O SEGUNDO

O outro abraço foi dado pelo Dr. Bezerra de Menezes em um chefe de família desempregado. Ao descer as escadas da Federação Espírita Brasileira, deparou-se com um homem de seus 45 anos, cabelos em desalinho, com a roupa suja e amarrotada, faminto e febril, e ainda com a mulher e dois filhos doentes, sem nada o que comer em casa.

Como não tinha nenhum dinheiro, Bezerra levantou os olhos para o alto e, numa prece muda, pediu inspiração a Maria Santíssima e disse-lhe:

– Vá na paz de Jesus e sob a proteção de Maria. E, em seu lar, faça o mesmo com todos os seus familiares, abraçando-os, afagando-os. E confie Nela, no Amor da Rainha dos Anjos, que seu caso há de ser resolvido.

Na terça-feira seguinte, alguém, trazendo na fisionomia toda a emoção do agradecimento, toca-lhe o braço e diz:

– Venho agradecer-lhe, Dr. Bezerra, o abraço milagroso que me deu na semana passada. Em casa, cumpri seu pedido e abracei minha mulher e meus filhos. Na linguagem do coração, oramos todos à Mãe do Céu. A água que bebemos e demos aos familiares, parece, continha alimento e dormimos todos bem.

No dia seguinte, estávamos sem febre e como que alimentados... E veio-me inspiração, guiando-me a uma porta, que se abriu e alguém por ela saiu, ouviu meu problema, condoeu-se de mim e me deu um emprego, no qual estou até hoje. Obrigado, amigo, por tudo que recebi do seu coração generoso!

11. Uma Doce Claridade Saiu da Sacola

"Vós reprovais a esmola?

Não; não é a esmola que é reprovável, é muitas vezes a maneira como é dada. O homem de bem, que compreende a caridade, como Jesus, vai até o infeliz sem esperar que ele estenda a mão.

A verdadeira caridade é sempre boa e benevolente, tanto no ato quanto na forma. Um serviço que nos é oferecido com delicadeza tem seu valor aumentado; mas se é feito com ostentação, a necessidade pode fazer com que seja aceito, porém o coração não se sente tocado.

Lembrai-vos também que a ostentação tira, aos olhos de Deus, o mérito do benefício. Jesus ensinou: 'Que a mão esquerda não saiba o que faz a direita', ensinando a não ofuscar a caridade com o orgulho.

É preciso distinguir a esmola propriamente dita da beneficência.

O mais necessitado nem sempre é aquele que pede; o temor da humilhação tolhe o verdadeiro pobre, que sofre sem se lamentar; é a esse que o homem verdadeiramente humano deve procurar sem ostentação."

Allan Kardec. *O Livro dos Espíritos*, q. 888.

UM LAVRADOR, DEPOIS DE colher trigo e colocá-lo em uma sacola, foi para casa. Na estrada, caminhando a pé, notou que vinha em sentido contrário uma rica carruagem revestida de estrelas. O lavrador, olhando a carruagem toda iluminada, viu-a parar bem junto dele e sair do seu interior o Senhor do Mundo, estendendo-lhe a mão pedindo esmolas. O lavrador, mesmo espantado com o fato de o Senhor da Vida rogar auxílio a ele, um simples trabalhador rural, mergulhou a mão na sacola de trigo e entregou ao Divino Pedinte um pequeno grão de trigo.

O Senhor agradeceu a esmola e partiu na sua carruagem. Mas, quando o lavrador tornou a si, espantado com tudo aquilo que acabava de acontecer, observou uma doce claridade sair da sacola poeirenta... O pequeno grão de trigo, doado ao Senhor, tornara à sacola transformado em pepita de ouro luminescente. Diante disso, o lavrador deslumbrado gritou: "Louco que fui! Por que não dei tudo o que tinha ao Soberano da Vida?"

Este é o apólogo através do qual Rabindranath Tagore, renomado escritor indiano, fala-nos sobre o desprendimento e a caridade. De fato, muitas vezes nós nos negamos a dar ou damos pouco, esquecidos de que a abundância de Deus faz retornar a nós tudo o que damos de boa vontade, multiplicado em luzes e bênçãos. Embora não devamos fazer o bem com interesse, devemos sempre que pudermos ajudar materialmente as pessoas carentes doando roupas, agasalhos, calçados, alimentos, medicamentos ou dinheiro para pagar o aluguel.

CARIDADE MATERIAL E MORAL

A caridade material, que é um ato de benevolência denomina-se beneficência, porém, a prática da caridade moral é mais difícil de nós praticarmos, começando pela indulgência, aquela que é praticada quando evitamos falar dos defeitos dos outros, protegendo-os da malevolência, que sempre busca destruir as criaturas caídas em faltas.

A mais difícil, porém, ainda é a prática do perdão, pois ele exige a doação não do que temos em termos materiais, mas sim dos sentimentos de amor que possuímos em nossas próprias almas. E aqui fica uma pergunta:

Quando vamos estar dispostos a dar tudo em nome de Deus aos que nos pedem esmolas materiais e morais?

12. Atire-lhe a Primeira Pedra

"Nada encoraja tanto ao pecador como o perdão."
William Shakespeare

ALLAN KARDEC, no item 13, do Capítulo X, de *O Evangelho Segundo O Espiritismo*, analisando o significativo ensinamento de Jesus – "atira-lhe a primeira pedra aquele que estiver isento de pecado", fez a seguinte apreciação:

> Esta sentença faz da indulgência um dever para nós outros, porque ninguém há que não necessite, para si próprio, de indulgência. Ela nos ensina que não devemos julgar com mais severidade os outros do que nos julgamos a nós mesmos, nem condenar em outrem aquilo de que nos absolvemos. Antes de profligarmos a alguém uma falta, vejamos se a mesma censura não nos pode ser feita.

A respeito desse assunto, o nosso benfeitor espiritual Emmanuel, na obra *Vida e Sexo*, psicografada pelo médium Francisco Cândido Xavier, apresenta oportuno comentário, sob o título "Adultério e Prostituição", do qual extraímos os seguintes trechos:

– É curioso notar que Jesus, em se tratando de faltas e quedas, nos domínios do espírito, haja escolhido aquela da mulher, em falhas do sexo, para pronunciar a sua inolvidável sentença: "aquele que estiver sem pecado, atire a primeira pedra".

Dir-se-ia que no rol das defecções, deserções, fraquezas e delitos do mundo, os problemas afetivos se mostram de tal modo encravados no ser humano que pessoa alguma da Terra haja escapado, no cardume das existências consecutivas, aos chamados "erros do amor".

Penetre cada um de nós os recessos da própria alma, e, se consegue apresentar comportamento irrepreensível, no imediatismo da vida prática, ante os dias que correm, indague-se, com sinceridade, quanto às próprias tendências.

Quem não haja varado transes difíceis, nas áreas do coração, no período da reencarnação em que se encontre, investigue as próprias inclinações e anseios no campo íntimo, e, em sã consciência, verificará que não se acha ausente do emaranhado de conflitos, que remanescem do acervo de lutas sexuais da Humanidade.

Desses embates multimilenares, restam, ainda, por feridas sangrentas no organismo da coletividade, o adultério que, de futuro, será classificado na patologia das doenças da alma, extinguindo-se, por fim, com remédio adequado; e a prostituição que reúne em si homens e mulheres que se entregam às relações sexuais, mediante paga, estabelecendo mercado afetivos.

Tantos foram os desvarios dos espíritos em evolução no planeta – espíritos entre os quais muito raros de nós, os companheiros da Terra, não nos achamos incluídos – que decerto Jesus, personalizando na mulher sofredora a família humana, pronunciou a inesquecível sentença, convocando os homens, supostamente puros em matéria de sexualidade, a lançarem sobre a companheira infeliz a primeira pedra.

Voltando ao episódio, no qual Jesus deixou transparecer a sua grandeza espiritual ao estender as suas generosas mãos àquela mulher desamparada diante dos impiedosos acusadores, é digno de nota o fato de que o único a permanecer diante dela na praça convertida em tribunal, e com autoridade para atirar a primeira pedra, foi, o próprio Cristo, o espírito mais puro que reencarnou em nosso planeta. No entanto, não condenou, nem ofereceu absolvição gratuita, mas simplesmente abriu as portas da regeneração para que ela, através do seu próprio esforço, se recuperasse espiritualmente, proferindo aquela sentença impregnada de profunda compreensão: "Nem eu também te condeno: vai-te, e de futuro não peques mais." Jesus, com isso, não permitiu também que fosse cometida uma grave e irreparável injustiça, porque ao lado da infeliz mulher não compareceu o outro participante do crime, o adúltero, para ser julgado. Dois pesos, duas medidas?! E Ele, o advogado dos injustiçados e dos pecadores, profundo conhecedor das nossas fraquezas, diante daquele quadro, compreendia que a prostituição da mulher quase sempre procede da prostituição do homem.

13. Anália Franco Amparou Filhos de Escravos

"Qual a mais meritória de todas as virtudes?
'Todas as virtudes têm seu mérito, porque indicam progresso no caminho do bem. Há virtude sempre que há resistência voluntária ao arrastamento das más tendências; mas a sublimidade da virtude é o sacrifício do interesse pessoal pelo bem de seu próximo, sem segundas intenções. A mais merecedora das virtudes nasce da mais desinteressada caridade'."

Allan Kardec. *O Livro dos Espíritos*, q. 893.

A PROFESSORA ANÁLIA FRANCO, após a Lei do Ventre Livre (1871) conceder a liberdade aos filhos de escravos, tomou conhecimento que eles ao nascerem, já estavam previamente destinados à "Roda", da Santa Casa de Misericórdia, onde eram deixados os recém-nascidos abandonados. E as crianças, por serem impróprias ao trabalho, eram expulsas das fazendas, passando a perambular pelas estradas. Diante disso, Anália trocou o seu cargo de professora na capital de São Paulo por outro na área rural, a fim de socorrê-las.

Em certa cidade do norte do estado, conseguiu, inicialmente, uma casa de graça numa fazenda para instalar uma escola primária. Mas quando a fazendeira condicionou: "desde que não houvesse a promiscuidade de crianças brancas e negras", Anália não aceitou essa humilhante condição e teve de pagar aluguel. Fundou, então, a primeira Escola Maternal, a qual se transformou num albergue para filhos de escravos.

A fazendeira, porém, conseguindo a remoção da escola de suas terras, obrigou Anália a alugar uma casa na cidade. O aluguel, que correspondia à metade do seu salário, era insuficiente para alimentar as crianças. Em razão disso, certa manhã, foi pessoalmente pedir esmolas, levando consigo pelas ruas os "seus alunos sem mães", como ela os chamava nos seus escritos.

Anália Franco, missionária da educação, romancista, escritora, teatróloga e poetisa, fundou 71 escolas, dois albergues, uma colônia regeneradora para mulheres, 23 asilos para crianças órfãs, um grupo musical, uma orquestra, um grupo dramático, em 24 cidades de São Paulo. Anália, nascida em 1º de fevereiro de 1856, era Espírita, fé que dividia com seu esposo Francisco Antônio Bastos. Ela desencarnou em 13 de janeiro de 1919, vítima da gripe espanhola, quando viria fundar no Rio de Janeiro mais uma instituição de amparo à infância.

Posteriormente, seu esposo concretizou essa ideia, fundando o Lar Anália Franco para meninas órfãs, na Av. Marechal Rondon, 875, no Rocha. A meu ver, a melhor homenagem a essa extraordinária mulher, no ano do sesquicentenário de seu nascimento, é ajudar as crianças desse Lar, fundado em nome dela, sob a amorosa inspiração de Jesus.

Anália Franco

14. O Verdadeiro Perdão

> "A vingança nos torna igual ao inimigo; o perdão nos torna superiores a ele."
>
> Francis Bacon

ALLAN KARDEC APRESENTA, em *O Evangelho Segundo o Espiritismo*, a seguinte instrução dada pelo espírito do apóstolo Paulo, inserida no capítulo "Bem-Aventurados os que São Misericordiosos".

"Perdoar aos inimigos é pedir perdão para si próprio: perdoar aos amigos é dar-lhes uma prova de amizade; perdoar as ofensas é mostrar-se melhor do que era. Perdoai, pois, meus amigos, a fim de que Deus vos perdoe, porquanto, se fordes duros, exigentes, inflexíveis, se usardes de rigor até por uma ofensa leve, como querereis que Deus esqueça de que cada dia maior necessidade tendes de indulgência? Oh! ai daquele que diz: 'Nunca perdoarei', pois pronuncia a sua própria condenação. Quem sabe, aliás, se, descendo ao fundo de vós mesmos, não reconhecereis que fostes o agressor? Quem sabe se, nessa luta que começa por uma alfinetada e acaba por uma ruptura, não fostes quem atirou o primeiro golpe, se vos não escapou alguma palavra injuriosa, se não procedestes com toda a moderação necessária? Sem dúvida, o vosso adversário andou mal em se mostrar excessivamente suscetível; razão de mais para serdes indulgentes e para não vos tornardes merecedores da invectiva que lhe lançastes.

Admitamos que, em dada circunstância, fostes realmente ofendido: quem dirá que não envenenastes as coisas por meio de represálias e que não fizeste degenerar-se em querela grave o que houvera podido cair facilmente no olvido? Se de vós dependia impedir as consequências do fato e não as impedistes, sois culpado. Admitamos, finalmente, que de nenhuma censura vos reconheceis merecedores: mostrai-vos clementes e com isso só fareis que o vosso mérito cresça.

Mas há duas maneiras bem diferentes de perdoar: há o perdão dos lábios e o perdão do coração. Muitas pessoas dizem, com referência ao seu adversário: “Eu lhe perdoo”, mas, interiormente, alegram-se com o mal que lhe advém, comentando que ele tem o que merece. Quantos não dizem: “Perdoo” e acrescentam: “mas não me reconciliarei nunca, não quero tornar a vê-lo em toda a minha vida”. Será esse o perdão, segundo o Evangelho? Não. O perdão verdadeiro, o perdão cristão é aquele que lança um véu sobre o passado; esse o único que vos será levado em conta, visto que Deus não se satisfaz com as aparências. Ele sonda o recesso do coração e os mais secretos pensamentos.

Ninguém se lhe impõe por meio de vãs palavras e de simulacros. O esquecimento completo e absoluto das ofensas é peculiar às grandes almas; o rancor é sempre sinal de baixeza e de inferioridade. Não olvideis que o verdadeiro perdão se reconhece muito mais pelos atos do que pelas palavras."

15. A Bênção de um Pão

> "A caridade é um exercício espiritual... Quem pratica o bem, coloca em movimento as forças da alma."
>
> Chico Xavier

QUANDO BARSABÁS, o tirano, demandou o reino da morte, buscou debalde reintegrar-se no grande palácio que lhe servira de residência. A viúva, alegando infinita mágoa, desfizera-se da moradia. Via ele baixelas e candelabros, telas e jarrões, tapetes e perfumes, joias e relíquias, sob o martelo do leiloeiro, enquanto os filhos querelavam no tribunal, disputando a melhor parte da herança.

Ninguém lhe lembrava o nome, desde que não fosse para reclamar o ouro e a prata que doara a mordomos distintos. E porque na memória de semelhantes amigos ele não passava, agora, de sombra, tentou o interesse afetivo de companheiros da infância...

Todavia, entre estes, encontrou simplesmente a recordação dos próprios atos de malquerença e de usura. Barsabás entregou-se às lágrimas de tal modo, que a sombra lhe embargou, por fim, a visão, arrojando-o nas trevas. Vagueou por muito tempo no nevoeiro, entre vozes acusadoras, até que um dia aprendeu a pedir na oração, e, como se a rogativa lhe servisse de bússola, embora caminhasse às escura, eis que, de súbito, se lhe extingue a cegueira e ele vê, diante de seus passos, um santuário sublime, faiscante de luzes.

Milhões de estrelas e pétalas fulgurantes povoavam-no em todas as direções. Barsabás, sem perceber, alcançara a Casa das Preces de Louvor, nas faixas inferiores do firmamento. Não obstante deslumbrado, chorou, impulsivo, ante o ministro espiritual que velava no pórtico. Após ouvi-lo, generoso, o funcionário angélico falou, sereno:

– Barsabás, cada fragmento luminoso que contemplas é uma prece de gratidão que subiu da Terra...

– Ai de mim – soluçou o desventurado –, eu jamais fiz o bem...

– Em verdade – prosseguiu o informante – trazes contigo, em grandes sinais, o pranto e o sangue dos doentes e das viúvas, dos velhinhos e dos órfãos indefesos que despojaste nos teus dias de invigilância e crueldade; entretanto, tens aqui, em teu crédito, uma oração de louvor... – E apontou-lhe acanhada estrela que brilhava à feição de pequeno disco solar.

— Há trinta e dois anos — disse, ainda, o instrutor — deste um pão a uma criança e essa criança te agradeceu, em prece, ao Senhor da Vida.

Chorando de alegria e consultando velhas lembranças, Barsabás perguntou: — Jonakim, o enjeitado?

— Sim, ele mesmo — confirmou o missionário divino. — Segue a claridade do pão que deste, um dia, por amor, e livrar-te-ás, em definitivo, do sofrimento nas trevas.

E Barsabás acompanhou o tênue raio de fulgor que se desprendia daquela gota estelar, mas, em vez de elevar-se às alturas, encontrou-se numa carpintaria humilde na própria Terra.

Um homem calejado aí refletia, manobrando a enxó em pesado lenho... Era Jonakim, aos quarenta de idade.

Como se estivessem os dois identificados no doce fio de luz, Barsabás abraçou-se a ele, qual viajante abatido, de volta ao calor do lar...

Decorrido um ano, Jonakim, o carpinteiro, ostentava, sorridente, nos braços, mais um filhinho, cujos louros cabelos emolduravam belos olhos azuis.

Com a bênção de um pão dado a um menino triste, por espírito de amor puro, conquistara Barsabás, nas Leis Eternas, o prêmio de renascer para redimir-se. (Pelo Espírito Irmão X – psicografia do médium Francisco Cândido Xavier.)

16. Jesus Foi ao Encontro de Judas

"Pai, perdoa as nossas dívidas, assim como perdoamos aos que nos devem. Perdoa as nossas ofensas, assim como perdoamos aos que nos ofendem."

(Da Oração Dominical - Jesus)

ANALISANDO BEM OS FATOS que marcam a Paixão de Cristo, você há de convir que Judas foi mais um traído do que propriamente um traidor. A afirmação tem base no diálogo entre ele e Tiago, no dia anterior à prisão de Jesus, no qual Judas revela o seu plano de simplesmente apressar o triunfo mundano do Cristianismo, e não o de eliminar seu Mestre, que amava profundamente. Esta informação é do Espírito Humberto de Campos, publicada no livro *Boa Nova,* psicografado pelo médium Chico Xavier, no capítulo "A Ilusão do Discípulo".

A prova disso está no fato de que Judas Iscariotes, ao receber do Sinédrio as trinta moedas de prata como pagamento para entregar Jesus, não esperava receber o fel da amarga desilusão, ao ver o Cristo duramente torturado. Ao perceber a traição dos fariseus, pois não era isso que desejava para o seu Mestre, ele de imediato foi devolver as moedas recebidas para desfazer o acordo infeliz. Nesta oportunidade, porém, recebeu em troca a expressão de deboche dos príncipes dos sacerdotes: "Isso é contigo". Nada mais restava fazer para salvar o Mestre dos Mestres. Infelizmente o plano sinistro estava consumado!

Foi então que Judas, depois de assistir de longe todo o desenrolar das cenas humilhantes do Calvário, levado por tremendo remorso, cometeu o suicídio. Embora tivesse sido movido pela vaidade e pela ambição política, Judas teria sido realmente um traidor caso tivesse arquitetado o plano cruel da crucificação, coisa que jamais pensara. E cá para nós, se ele tivesse mesmo o firme propósito de trair o Cristo para levá-lo à morte, com o fim de liderar os outros apóstolos na divulgação do Cristianismo, Judas sentiria tamanho remorso a ponto de se enforcar? É claro que não, pois não haveria nenhuma razão para ele se matar.

Porém, Jesus, após a sua morte na cruz e tocado de infinita compaixão, foi ao encontro do espírito enlouquecido de Judas, permanecendo três dias ao seu lado até que ele adormecesse, conforme revelação da poetisa desencarnada Maria Dolores, no livro *Coração e Vida*, psicografado por Chico Xavier. Só depois desse gesto de amor e de perdão é que Jesus apareceu materializado a Maria Madalena, segundo o *Evangelho de João* (Cap. 20:11 a 18).

17. Regressou na Esteira de Luz

"O sofrimento precisa ser superado, e o único meio de superá-lo é suportando-o."

Carl Gustav Jung

AMAZONAS HÉRCULES foi exemplo de coragem diante das adversidades da vida. Nascido em Manaus, no dia 5 de setembro de 1912, ficou órfão do pai antes de nascer e da mãe aos quatro anos. Sua madrinha, Lydia Cardoso Fernandes, a partir de então, passou a criá-lo. Ela, por ser espírita, deu-lhe as primeiras noções do Espiritismo, conduzindo-o às reuniões da Federação Espírita do Amazonas, de cujas atividades participava como voluntária. Em 1954, Amazonas, portador da doença causada pelo bacilo de Hansen, antigamente chamada de lepra, internou-se na Colônia de Curupaiti, em Jacarepaguá, no Rio de Janeiro, onde desencarnou em 28 de abril de 2004, aos 91 anos.

Amazonas Hércules fez jus ao seu nome e sobrenome, pois era fisicamente robusto e grande também quando sorria. A sua gargalhada gostosa transmitia a todos muito otimismo. Por essa razão, muitas pessoas sadias o procuravam em busca de ânimo para as lutas da vida. Por telefone e pessoalmente, enxugou muitas lágrimas com sua palavra doce e confortadora, inspirada no amor de Jesus. Inúmeras vezes, mesmo sofrendo, escondeu suas próprias lágrimas para confortar aqueles que precisavam do seu coração amigo e generoso.

No Centro Espírita Filhos de Deus, que funciona nas dependências da Colônia de Curupaiti, Amazonas Hércules foi secretário por muitos anos. Com as falanges dos dedos das mãos atrofiadas pela hanseníase, ele datilografava toda a correspondência pressionando as teclas da máquina de escrever com um lápis que segurava entre a parte superior do dedo indicador e a do dedo médio. Tendo amputado a perna esquerda, também em consequência da enfermidade, Amazonas se locomovia de muletas para proferir palestras em diversos Centros Espíritas do Estado, e participar do programa "Educar para Crescer" da Rádio Rio de Janeiro. Ao longo dos 50 anos internado em Curupaiti, desenvolveu, no "Filhos de Deus", amplas atividades assistenciais para o amparo dos familiares carentes dos hansenianos, mantidas até hoje, sendo uma delas a sala de curativos "Maria de Nazaré".

Era poeta e declamava com muita propriedade poesias suas e de diversos autores. Em seu livro *Canção da*

Esperança, o poema "Esteira de Luz" lembra a ressurreição do Cristo, em cujos versos finais diz Amazonas:

> Na Galileia ridente
> no lago, vasto celeiro,
> piscoso, imenso mar,
> vogavam barcos, veleiros,
> na faina do dia a dia
>
> [...] E um pescador diferente,
> de olhos azuis como o mar,
> louros cabelos voando,
> beijados pelas brisas trazidas
> de todos os continentes,
>
> [...] e o fato surpreendente,
> testemunho mais que sublime, eloquente,
>
> [...] foi a vida vencendo a morte
> na radiosa alvorada da sua ressurreição,
> após o terceiro dia de sua crucificação,
> marco sublime, sem dúvida,
> da vida eterna, imortal,
> sublime "esteira de luz"
> dessa estrela peregrina
> que foi o Mestre Jesus!

E você, querido Amazonas, depois da crucificação pela hanseníase, foi também conduzido à vida imortal na "esteira de luz" que teceste com seu exemplo de suprema resignação diante da dor. Obrigado, amigo, em nome de todos os amigos que você cativou, por ter existido e iluminado nossas vidas neste vale de lágrimas. Não esqueça da gente aqui em baixo. Deus o ilumine por toda a eternidade!

Amazonas Hércules

18. O Preço do Egoísmo

"Entre os vícios, qual se pode considerar o pior?
'Já dissemos várias vezes: é o egoísmo; dele deriva todo mal. Estudai todos os vícios e vereis que no fundo de todos existe egoísmo. Vós os combatereis inutilmente e não conseguireis arrancá-los enquanto não tiverdes atacado o mal pela raiz, enquanto não tiverdes destruído a causa. Que todos os vossos esforços tendam para esse objetivo, porque aí está a verdadeira chaga da sociedade. Aquele que deseja se aproximar, já nesta vida, da perfeição moral, deve arrancar de seu coração todo sentimento de egoísmo, por ser incompatível com a justiça, o amor e a caridade: ele neutraliza todas as outras qualidades'."

Allan Kardec. *O Livro dos Espíritos*, q. 913.

"NINGUÉM ME VISITA. Estou entregue às baratas." Eram estas as palavras de desabafo de um enfermo visivelmente revoltado num sanatório do Rio de Janeiro. Procurando confortá-lo, passei a conversar. No meio da conversa e com ele um pouco mais calmo, acabou me confessando que no fundo estava colhendo o que havia semeado. Quando tinha saúde não visitava quem quer que fosse, porque domingo, segundo o seu modo de entender, era dia de “pelada” ou para “curtir” uma praia. Feriado também tinha sido feito para descansar.

O fato é que estava amargando ali num leito de hospital a solidão e o abandono de tudo e de todos e pagando caro o seu egoísmo. A indiferença ante o sofrimento alheio estava a lhe exigir um preço muito alto. Na verdade, ninguém pode sacar na conta da fraternidade “a descoberto”, se nunca depositou nela um mínimo gesto de compreensão e de solidariedade.

No fundo, o que estava acontecendo com ele era a consequência prática do que sabiamente já havia anunciado Jesus: “A cada um segundo as suas obras”.

Tentando confortá-lo, aproveitei a oportunidade para esclarecê-lo que o amigo fácil das horas difíceis, que é o Cristo, de forma alguma o tinha abandonado, e ele jamais o abandonaria, porque sua misericórdia é tão grande que nos ajuda mesmo quando não temos nenhum saldo a nosso favor naquela conta.

Depois de me despedir do companheiro preso ao leito de dor, passei a compreender melhor o quanto nos machuca por dentro quando estamos enfermos e hospitalizados e não recebemos a visita de um parente, o abraço de um amigo ou o aperto de mão de um conhecido. De fato, não podemos esquecer e relegar um dos pontos fundamentais da mensagem do Excelso Benfeitor da humanidade – "estive doente e preso e não me visitastes".

Se por um lado existem criaturas insensíveis ao apelo do Cristo por falta de amor, há outras que, embora sintam a necessidade de dar assistência aos enfermos, receiam o contágio. Para esses, gostaria de apresentar na íntegra a orientação do abnegado espírito Bezerra de Menezes, pelo médium Chico Xavier, dada a um espírita que visitava sanatórios de doenças contagiosas e que, por agir assim, não era compreendido pelos familiares:

> Cremos que a higiene não deve funcionar em vão, por isso mesmo não vemos qualquer motivo de ausência do nosso esforço fraterno junto aos nossos irmãos, a pretexto de preservarmos a nossa saúde, de vez que, também de nós mesmos temos ainda pesados débitos para resgatar. Evitar o abuso é dever, mas acima de quaisquer impulsos de autodefesa em nossa vida prevalece a caridade, com seu mandamento de amor, sacrifício e luz.

19. O Direito de Não Perdoar

"Só quem entende a beleza do perdão pode julgar seus semelhantes."

Sócrates

BEZERRA DE MENEZES, já devotado à Doutrina Espírita, almoçava, certa feita, em casa de Quintino Bocaiúva, o grande republicano, e o assunto era o Espiritismo, pelo qual o distinto jornalista passara a interessar-se. Em meio da conversa, aproxima-se um serviçal e comunica ao dono da casa: – Doutor, o rapaz do acidente está aí com um policial. – Quintino, que fora surpreendido no gabinete de trabalho com um tiro de raspão, que, por pouco, não lhe atingiu a cabeça, estava indignado com o servidor que inadvertidamente fizera o disparo. – Manda-o entrar – ordenou o político.

– Doutor – roga o moço, preso em lágrimas, perdoe o meu erro! Sou pai de dois filhos... Compadeça-se! Não tinha qualquer má intenção. Se o senhor me processar, que será de mim? Sua desculpa me livrará! Prometo não mais brincar com armas de fogo! Mudarei de bairro, não incomodarei o senhor...

O notável político, cioso da própria tranquilidade, respondeu:

– De modo algum. Mesmo que o seu ato tenha sido de mera imprudência, não ficará sem punição. Percebendo que Bezerra se sentia mal, vendo-o assim encolerizado, considerou, à guisa de resposta indireta:

– Bezerra, eu não perdoo erro. Você acha que estou fora do meu direito?

O Dr. Bezerra cruzou os braços com humildade e respondeu: – Meu amigo, você tem plenamente o direito de não perdoar, contanto que você não erre... – A observação penetrou em Quintino como um raio. O grande político tomou um lenço, enxugou o suor que lhe caía em bagas, tornou à cor natural, e, após refletir alguns momentos, disse ao policial:

– Solte o homem. O caso está liquidado. – E para o moço que mostrava profundo agradecimento: – Volte ao serviço hoje mesmo e ajude na copa. – Em seguida, lançou inteligente olhar para Bezerra e continuou a conversação no ponto em que haviam ficado. (Extraído de *Almas em Desfile* –Edição FEB – Av. Passos, 30.)

20. O Médico dos Pobres

"Há pessoas que fazem o bem de maneira espontânea, sem precisar vencer nenhum sentimento contrário; têm tanto mérito quanto as que têm de lutar contra sua própria natureza e que a superam?

'As que não têm de lutar é porque nelas o progresso está realizado.

Lutaram antes e venceram. Para estas os bons sentimentos não custam nenhum esforço e suas ações parecem todas naturais: para elas o bem tornou-se um hábito. Deve-se honrá-las como a velhos guerreiros que conquistaram respeito.

Como ainda estais bem longe da perfeição, esses exemplos espantam pelo contraste e são mais admirados por serem raros; mas sabei que, nos mundos mais avançados, o que aqui é exceção, lá é a regra. O sentimento do bem é espontâneo por toda parte, porque são habitados só por bons Espíritos, e uma única má intenção seria para eles uma exceção monstruosa.

Por isso nesses mundos os homens são felizes. E assim será na Terra quando a humanidade se transformar, compreender e praticar a caridade em seu verdadeiro sentido'."

Allan Kardec. *O Livro dos Espíritos*, q. 894.

QUEM JÁ NÃO OUVIU FALAR de Bezerra de Menezes, que tanto na terra quanto agora na vida espiritual sempre se empenhou em amenizar a dor do próximo? Pois bem, Adolfo Bezerra de Menezes nasceu no dia 29 de agosto de 1831. Na freguesia do Riacho do Sangue, Estado do Ceará. Concluiu o curso de Medicina aos 25 anos no Rio de Janeiro. Dedicou-se às atividades cirúrgicas na Santa Casa da Misericórdia, onde o professor Feliciano de Carvalho foi buscá-lo para integrar o quadro de médicos operadores do Exército. Em 1857, foi recebido como sócio efetivo da Academia Nacional de Medicina, devido ao êxito alcançado pelas suas intervenções.

Aceitando a doutrina espírita por volta de 1886. Tornou-se tempos depois médico homeopata. Mesmo antes de ser espírita, o dr. Bezerra de Menezes pelo seu devotamento aos necessitados já havia granjeado o título de "Médico dos Pobres", devido ao seu trabalho de socorro a enfermos indigentes e a pessoas que não dispunham de recursos para se tratar. Para ele o médico, muito mais do que o sacerdote tem meios de exercer a divina caridade.

A propósito da maneira de proceder do médico, diante de sua profissão humanista, disse Bezerra de Menezes:

"O médico verdadeiro não tem o direito de acabar a refeição, de escolher a hora, de inquirir se é longe ou perto.

O que não atende por estar com visitas, por ter trabalhado muito e achar-se fatigado, por ser alta noite, mau o caminho ou o tempo, ficar longe, ou no morro; o que, sobretudo, pede um carro a quem não tem com que pagar a receita, ou diz a quem chora à porta que procure outro – esse não é médico, é negociante de medicina, que trabalha para recolher capital e juros dos gastos de formatura. Esse é um desgraçado, que manda para outro o anjo da caridade que lhe veio fazer uma visita e lhe trazia a única espórtula que podia saciar a sede de riqueza do seu espírito, a única que jamais se perderá nos vaivéns da vida".

Bezerra de Menezes, como médico, cumpriu tudo isso e muito mais. Inúmeras vezes tirava de seus bolsos minguados tudo quanto neles havia para que uma pobre mulher pudesse comprar o indispensável à dieta de seu filho. E ao regressar ele a sua humilde casa tinha de privar-se de muita coisa de que necessitava.

Nada mais justo que endereçarmos ao incansável benfeitor espiritual que continua na sua dedicada missão de "médico dos pobres, do corpo e da alma", o nosso pensamento de gratidão e de profundo reconhecimento por tantas lágrimas enxugadas nas dobras de sua alma generosa. Obrigado, Dr. Bezerra, por tudo e por todos. Deus abençoe, cada vez mais, a sua eterna existência como médico verdadeiro a serviço do Cristo.

Dr. Bezerra de Menezes

21. Perdão para os Ingratos

> "O amor é ajudado pela força. A doçura do perdão traz a esperança e a paz."
>
> Charles Chaplin

CERTO DIA, QUANDO um homem caminhava por uma floresta observou que dentro de uma poça d'água afogava-se um escorpião.

Abaixou-se e usando as próprias mãos retirou delicadamente o animal da situação que o levaria fatalmente à morte. Mas assim que o escorpião sentiu-se fora de perigo, aplicou dolorosa ferroada na mão de seu benfeitor, que ao sentir forte dor, deixou-o cair de volta à poça d'água. O bondoso homem, ao ver o que aconteceu, pegou um pequeno galho e salvou novamente o peçonhento animal. Seus companheiros, que presenciaram de perto o acontecido, muito surpresos, pediram explicações sobre a razão que o levara depois da ferroada a salvar mais uma vez o ingrato animal.

O homem, serenamente, respondeu: "o escorpião, como animal, reagiu de acordo com a sua natureza, e eu, segundo a minha, agi como um ser portador de razão iluminada pelo sentimento do amor." Essa deve ser nossa conduta diante da vida quando passamos pela difícil prova da ingratidão.

E vale aqui lembrar que Jesus, modelo máximo de perfeição para a Humanidade, recomendou que retribuíssemos sempre o mal com o bem, e que não revidássemos ao mal que nos quisessem fazer.

Por isso mesmo, na hora extrema da crucificação, Jesus rogou a Deus que perdoasse os seus algozes, pois eles, na realidade, não tinham ideia da imensa ingratidão que estavam cometendo. Agiram abafando a razão e sem a luz da bondade e do infinito amor.

22. Caridade sem Dinheiro

"Ainda que eu falasse a língua dos homens e dos anjos, se não tiver caridade, sou como o bronze que soa ou como o címbalo que retine."

Paulo de Tarso

A MINHA AMIGA, MARIA BENEDITA, certo dia perguntou-me como ficaria sua alma, depois da morte, pelo fato de não ter dinheiro para ajudar os outros. Ela me fez essa pergunta porque eu havia feito comentários na palestra sobre a máxima "Fora da caridade não há salvação", constante do livro *O Evangelho Segundo o Espiritismo,* publicado por Allan Kardec.

Maria Benedita, de fato, havia entendido que não bastava ela ter fé simplesmente em Deus, em Jesus, adotando uma Religião, como a Espírita, para que sua alma pudesse chegar iluminada ao outro lado da vida, e sim que era preciso praticar a caridade na Terra.

CARIDADE MORAL

Passando a tirar sua dúvida, expliquei que há dois tipos de caridade: a moral, e a material. Se ela não possuía recursos materiais para auxiliar o próximo, lembrei-lhe que o próprio Jesus também foi pobre e foi quem mais praticou a caridade neste mundo e, nesse caso, praticou a mais importante de todas: a caridade moral de perdoar seus inimigos do alto da cruz.

Sabendo da vida de lutas e sacrifícios de nossa amiga, mostrei que ela, ao receber de volta o esposo ingrato, cuidando dele até a morte, já tinha, com esse gesto, praticado a mais pura e verdadeira caridade, isto é, a caridade como entendia Jesus: benevolência para com todos, indulgência para imperfeições alheias e perdão das ofensas.

Com essa atitude, Maria Benedita havia praticado a caridade moral – de todas a que mais exige de nós –, porque doar sapatos, roupas velhas, alimentos ou dar dinheiro, não é tão difícil. O que é mais difícil é dar aquilo que temos realmente dentro de nós: o esquecimento das ofensas, não passando recibo para os nossos ofensores.

ACIMA DA FÉ

De tal modo compreendeu o Apóstolo Paulo essa grande verdade, ao dizer que se ele tivesse "toda a fé possível, até o ponto de transportar montanhas, mas se não tivesse a caridade, nada seria". E disse mais: "dentre estas três virtudes: a fé, a esperança e a caridade, a mais excelente é a caridade". Coloca assim, a caridade acima até da fé, porque a caridade está ao alcance de toda gente, isto é, do pobre, do rico, do ateu, do ignorante, do sábio, independentemente de qualquer crença religiosa.

23. O Encontro de Maria com Judas

"Amor de mãe só não é maior que o amor de Deus."
Lucêmio Lopes da Anunciação

NO POEMA "RETRATO DE MÃE", da poetisa Maria Dolores, pelo médium Chico Xavier, do livro *Momentos de Ouro*, resumidamente ela relata que Judas, depois do suicídio, permanecia no além cego e solitário, muito tempo depois da morte de Jesus. Cansado de remorso, sentara-se a chorar... Nisso, nobre mulher, nimbada de celestes esplendores, afaga a cabeça do infeliz, e em seguida, num tom de carinho, ela lhe diz: "Meu filho, por que choras?"

— Acaso não sabeis? — replica Judas claramente agressivo — sou um morto e estou vivo. Matei-me e novamente estou de pé, sem consolo, sem lar, sem amor e sem fé... Não ouvistes falar em Judas, o traidor? Sou eu que aniquilei a vida do Senhor... A princípio, julguei poder fazê-Lo rei, mas apenas lhe impus sacrifício, martírio, sangue e cruz. Afastai-vos de mim... Nunca penetrais minha dor infinita... O assunto que lastimo é unicamente meu...

No entanto, a dama, calma, respondeu: "Meu filho, Venho por mãe a ti, buscando um filho amado. Sofre com paciência a dor e a prova; terás, em breve, uma existência nova... Não te sintas sozinho ou desprezado". Judas interrompeu-a e bradou, rude e pasmo: "Mãe? Não me venhais aqui com mentira e sarcasmo. Depois de me enforcar, fui procurar, como espírito, força de viver ao pé da pobre mãe que me forjara o ser!... Ela me viu chorando, teve medo e expulsou-me a esconjuros. Não me faleis de mães, sou apenas um monstro sofredor...".

— Ainda assim — disse a dama docemente —, por mais que me recuses, não me altero. Amo-te, filho meu, amo-te e quero ver-te, de novo, a vida maravilhosamente revestida de paz e luz, de fé e elevação... Virás comigo à Terra, perderás, pouco a pouco, o ânimo violento, terás o coração nas águas de bendito esquecimento. Numa nova existência de esperança, levar-te-ei comigo a remansoso abrigo, dar-te-ei outra mãe! Pensa e descansa!...

E Judas perguntou: "Quem sois vós? Que me falais assim, sabendo-me traidor?" No entanto, ela a fitá-lo, respondeu simplesmente: "Meu filho, eu sou Maria, sou a mãe de Jesus".

Retrato de Maria Mãe de Jesus

24. Ferido, Porém, não se Vingou

"Errar é humano, mas também é humano perdoar. Perdoar é próprio de almas generosas."

Platão

O ESPÍRITO HILÁRIO SILVA, por intermédio do médium Chico Xavier, conta que um rapaz fora rudemente esbofeteado num baile, sem ter culpa alguma. Ele nada fizera que pudesse ofender. Por mera desconfiança, o agressor esmurrara-lhe o rosto. Os que assistiram à agressão consideraram que o jovem agredido foi covarde porque não revidou na hora. No entanto, intimamente, ele jurou vingar-se do covarde agressor e, munido de um revólver, aguardava a ocasião.

Um amigo, percebendo a sua alma sombria, conseguiu levá-lo a um centro espírita, orientado pelas obras de Allan Kardec. Desinteressado, ouviu preces, comentários e apontamentos edificantes, quando um amigo espiritual, por intermédio de um médium psicógrafo, escreveu bela página sobre o perdão, na qual dizia:

"A justiça real vem de Deus. Ninguém precisa vingar-se. Mesmo ferido, serve e perdoa. A corrigenda do ofensor pode ser amanhã".

O jovem ouviu atentamente o recado espiritual e saiu, pensando. Na manhã seguinte, topou, face a face, o desafeto, mas recordou-se da página sobre o perdão que ouviu no centro espírita e, por sete vezes, conteve o impulso de vingança.

Dias depois, retornando ao trabalho, encontrou um enterro e descobriu que o esmurrador, aquele que o ferira, morrera na véspera, picado por escorpião – esse fato você encontra no livro *Ideias e ilustrações*, editado pela FEB.

Foi por isso mesmo que, Jesus, modelo máximo de perfeição para a Humanidade, recomendou que retribuíssemos sempre o mal com o bem, e que não revidássemos ao mal que nos quisessem fazer.

25. O Bem ao Alcance de Todos

"A caridade é o amor, é o sol que Nosso Senhor fez raiar claro e fecundo; alegrando nesta vida a existência dolorida dos que sofrem neste mundo."

Casimiro Cunha

JESUS, QUANDO ESTEVE neste mundo, prometeu que estaria conosco até a consumação dos séculos, isto é, por toda a eternidade. E o Mestre, das altas esferas da vida, continua cumprindo essa promessa, orientando mais de vinte bilhões de Espíritos. Destes vinte, quase sete bilhões estão encarnados na Terra, e os demais, na condição de espíritos desencarnados, habitam as inúmeras moradas espirituais ao redor do planeta, aguardando nova encarnação.

Uma prova da solicitude de Jesus foi dada pelo médium Chico Xavier, ao revelar que, entre onze da noite e uma da madrugada, no dia do Natal, o Mestre vem sempre à Terra para amparar os inúmeros sofredores deste mundo. Ora, diante disso, será que não poderíamos fazer alguma coisa para diminuir o imenso trabalho do Cristo, praticando a caridade em favor dos necessitados? Pensando bem, Jesus não tem feito tanto para nos ajudar?

Nesse sentido, relacionamos algumas sugestões que estão ao alcance de todos nós, como, por exemplo: doar uma peça de roupa, mesmo que ela seja usada; ofertar uma bola, uma simples boneca, a uma criança menos feliz; dispor de um par de meias para esquentar os pés do irmão que dorme nas calçadas, ou daquele agasalho que não usamos mais; ou ainda, oferecer um prato de sopa, uma xícara de leite, um pedaço de pão a quem sofre em penúria.

A propósito, vale lembrar que qualquer gesto de solidariedade que fizermos em favor de nossos irmãos mais pequeninos, segundo Jesus, é a Ele próprio que estamos fazendo. Conversemos então alguns minutos com os enfermos, dirigindo palavras de consolo; levantemos o ânimo de quem perdeu a vontade de viver; visitemos os nossos irmãos encarcerados, não esquecendo de que são os mais necessitados que precisam de auxílio.

Ao se aproximar, portanto, a data máxima da Cristandade, é natural que acendamos as luzes dos lindos enfeites de Natal dentro de nossos lares. No entanto, devemos lembrar que o mais importante mesmo é acender a luz do amor em nossos corações na prática do bem, enxugando lágrimas e consolando corações. Assim, melhoramos o clima espiritual da Terra para recebermos a visita de Jesus, no dia do Seu aniversário.

26. Fez Tudo por Não Merecer

"Toda pessoa que serve além do dever, encontrou o caminho para a verdadeira felicidade."

André Luiz

FIQUEI EMOCIONADO AO SABER que uma jovem, que tramou a morte de seus pais com o namorado e o irmão deste, em São Paulo, ganhou o perdão da sua avó paterna por ocasião do seu 20º aniversário. Diante disso, envio um beijo ao coração abençoado dessa senhora, avó da jovem mentora do crime, por este gesto de grandeza espiritual, porque, segundo um instrutor da Vida Mais Alta, a maior mostra de dedicação a Jesus "é amar alguém que tudo terá feito por não merecê-lo".

E foi justamente o que fez a avó paterna ao perdoar e desejar que a neta passe a morar com ela depois de sair da cadeia, embora sua neta tenha feito tudo por não merecer. Mas, convenhamos, somente as almas iluminadas pelo sentimento do verdadeiro amor são capazes de gestos tão elevados como este da avó. Tal exemplo, neste sentido, faz-nos lembrar o de Jesus, ao pedir perdão a Deus para os seus algozes, exclamando do alto da cruz: "Pai, perdoa--lhes, porque eles não sabem o que fazem".

O próprio Cristo, aliás, nunca faltou com o perdão a seus algozes e jamais condenou ao inferno, que nunca existiu, os maiores pecadores com quem conviveu pessoalmente. Senão vejamos: ao terminar o diálogo com Maria Madalena, sentencia: "Filha, o amor cobre a multidão de pecados". Diante da mulher adúltera, aponta o caminho da esperança: "Mulher, ninguém te condenou. Eu também não te condeno. Vá e não peques mais". Ao bom ladrão declarou: "Hoje mesmo estarás comigo no paraíso".

Perdoar, portanto, é preciso, mesmo sabendo que tal atitude muitas vezes é difícil de ser tomada. Afinal, o ódio e o rancor que alimentamos contra aqueles que tiraram a vida de nossos parentes e amigos transformam-se em venenos mortíferos contra nós mesmos, tornando-nos a primeira vítima desses sentimentos doentios.

Diante de tudo isso, concluímos com as sábias palavras do guia espiritual Emmanuel, conhecidas através da psicografia do médium Chico Xavier: "A Terra é um plano de experiências e resgates, por vezes bastante penosos, e aquele que se sinta ofendido por alguém não deve esquecer que pode também errar setenta vezes sete".

27. A Força Interior para Perdoar

> "Ama a verdade, mas perdoa o erro."
> Voltaire

NO TÁXI DO MEU AMIGO Julio Cezar estava escrito: "Forte é aquele que perdoa mesmo na dor". De fato, quando estamos sendo agredidos, é preciso muita força interior para perdoar o ofensor. Pensando bem, Jesus a teve ao dirigir-se do alto da cruz aos seus algozes, sentenciando: "Pai, perdoa-lhes, porque não sabem o que fazem".

Evidentemente que não temos a elevação espiritual do Cristo para praticar um gesto de tamanha grandeza, mas pelo menos podemos não revidar na hora da contenda, mesmo sentindo a dor da ofensa e a vontade de esganar o adversário. Tal situação não vale apenas para as ofensas físicas: afinal, ouvir uma palavra ferina pode muitas vezes ser mais violento do que receber uma punhalada.

O simples não revidar já é indício concreto de fortaleza moral por parte do indivíduo. Passado o fato, verifiquemos primeiramente se não fomos nós os culpados de tudo o que aconteceu, ao termos dado a primeira "alfinetada no outro". Depois disso, é importante tirar da cabeça qualquer ideia de vingança, até mesmo a de desejar mal ao inimigo para satisfazer-se com a sua desgraça.

Convenhamos que isso não é digno de um ser humano e muito menos de um Cristão. Agora, o que não faz bem para a nossa saúde física e espiritual é carregar o ressentimento dentro da gente, pois isso é veneno puro que acaba causando doenças no corpo. Em apoio à nossa afirmativa, valemo-nos da opinião do benfeitor espiritual Emmanuel, ao dizer: "Nossas emoções doentias mais profundas, quaisquer que sejam, geram estados enfermiços". Este pensamento está no livro *Pensamento e Vida*, psicografado por Chico Xavier, no capítulo que trata da saúde.

Não foi à toa que Jesus recomendou-nos: "Amai os vossos inimigos; fazei o bem aos que vos odeiam e orai pelos que vos perseguem e caluniam, a fim de serdes filhos do vosso Pai que está nos céus e que faz se levante o Sol para os bons e para os maus e que chova sobre os justos e os injustos".

O Mestre com essas palavras nos ensina que não poderemos ser verdadeiros filhos de Deus se não tivermos o mesmo amor que Ele dispensa a todos nós, indistintamente, ao distribuir as bênçãos da luz do sol e o frescor da chuva, tanto para os maus quanto para os injustos. No infinito amor do Pai Celestial, encontramos toda a força para perdoarmos e sermos felizes na vida!

28. Dona Clélia – Exemplo de Grandeza Moral

> "Há cinco atitudes capazes de nos trazer felicidade: Perdoar sempre, fazer todo o bem possível, ser fiel à verdade, cultivar a prece e caminhar servindo sempre."
>
> Scheilla

A MAIOR DEMONSTRAÇÃO DE AMOR que podemos dar nesta vida, segundo um benfeitor espiritual, é a de amarmos alguém que tudo fez por não merecer. É claro que Jesus exemplificou isso sem dificuldades, mas será que nós somos capazes de ajudar uma pessoa que nos feriu ou nos prejudicou seriamente? Responda com toda sinceridade: você seria capaz?

De minha parte posso dizer que é muito difícil, mas impossível não é, tanto assim, que dona Clélia, fundadora do Lar Anália Franco, destinado a meninas carentes na cidade de São Manuel, em São Paulo, deu de sobra esse exemplo de grandeza moral.

O fato é que ela, encontrando sérias dificuldades para manter o Lar, passou a realizar apresentações artísticas com as crianças para conseguir recursos financeiros. Certa noite, porém, ao desembarcar com as meninas para se apresentarem numa pequena cidade, foi recebida com uma manifestação antiespírita. E, no tumulto estabelecido pela intolerância religiosa, um jovem truculento, mirando a cabeça de dona Clélia, atira-lhe uma pedra. O golpe violento fez escorrer sangue, mas ela procedeu como quem desconhece o agressor. Medicada após o incidente, ela foi acolhida na casa de espíritas devotados daquela localidade.

Mesmo nessa condição, ela continuou orando e servindo ao próximo e, certo dia, mal acabara de receber um doente, uma senhora muito aflita a procura, pedindo auxílio espiritual para seu filho, que está acamado, com meningite.

Dona Clélia, indo ao encontro do jovem enfermo, foi tomada de grande surpresa ao reconhecer que ele era o mesmo que jogara a pedra em sua cabeça. Mas, para melhorar o seu estado febril e de inconsciência, ela se desdobrou ao seu lado na condição de carinhosa enfermeira, orando em seu favor e aplicando passes, obedecendo a recomendação de Jesus: "Ponde a mão sobre os enfermos e eles ficarão curados".

Ao fim de seis dias, o rapaz estava salvo. Despertando do coma, e ao reconhecer a sua própria vítima cuidando dele, ficou muito envergonhado. A sós, beijou-lhe as mãos respeitosamente, perguntando: "A senhora me perdoa?"; Dona Clélia, contudo, disse apenas, com brandura: "Deus te abençoe, meu filho".

O seu amor a quem tudo fizera por não merecer frutificou, porque o rapaz recuperado se fez valoroso servidor da Doutrina Espírita codificada por Allan Kardec, segundo relato do Espírito Hilário Silva pela psicografia do inesquecível médium Chico Xavier, publicado no livro *O Espírito da Verdade*.

Dona Clélia

29. Sem Perdão não Haverá Paz

"...Aprendi outro dia que perdoar é a junção de *per* com *doar*. Doar é mais do que dar. Doar é a entrega total do outro. O prefixo *per* que tem várias acepções, indica movimento no *sentido de* ou *em direção a* ou *através* ou *para*, etimologicamente falando, portanto, perdoar quer dizer doar ao outro a possibilidade de que ele possa amar, possa doar-se. Não apenas quem perdoa que *se doa através do outro*. Perdoar implica abrir possibilidades de amor para quem foi perdoado, através da doação oferecida por quem foi agravado. Perdoar é a única forma de facilitar ao outro a própria salvação. Doar é mais do que dar: é a entrega total... Perdoar é doar o amor, é permitir que a pessoa objeto do perdão possa também devolver um amor que, até então, só negara..."

Artur da Távola

O MUNDO DE HOJE passa por uma estranha crise, a crise da intolerância por falta de perdão. Segundo o Benfeitor Espiritual Emmanuel, o perdão é o único antibiótico mental suscetível de extinguir as infecções do ressentimento no organismo do mundo.

É bem verdade que a humanidade continua clamando por paz diante de tanta violência que prossegue ensanguentando o abençoado solo que Deus nos empresta para regá-lo com os sentimentos de amor e fraternidade. No entanto, se não resolvermos essa crise de intolerância, preconiza Emmanuel que a nossa agressividade acabará expulsando a civilização dos cenários terrestres.

E é para que exatamente isso não venha a acontecer que Jesus nos exortou a perdoarmos aos que nos ofendam setenta vezes sete, ou melhor, 490 vezes. Isto porque, primeiramente, o perdão beneficia aquele que perdoa, porque, ao adotar a sabedoria do amor, deixa de se vingar e assim se conserva em harmonia com as Leis Divinas.

Jamais haverá paz no mundo, porém, se de nossa parte conservarmos a revolta interior e não fizermos nada para extingui-la. Essa afirmação tem base na seguinte assertiva do Guia Espiritual de Chico Xavier: "A preciosidade do perdão não se adquire nos armazéns, porque, na essência, o perdão é uma luz que irradia, começando de nós".

E para irradiarmos essa luz, precisamos sair da "tolerância zero" para a "tolerância 490 vezes", recomendada e vivida por Jesus. Somente perdoando incondicionalmente os familiares, os amigos, os vizinhos, e principalmente, os inimigos, é que poderemos promover efetivamente a paz do mundo.

É preciso, portanto, abolirmos de uma vez por todas a aplicação da pena de talião, que prescreve o direito no caso de alguém arrancar o nosso olho, o de arrancarmos o olho dele também. Eis porque o líder espiritual Mahatma Ghandi chegou à conclusão de que, se nos dias atuais continuarmos praticando a lei do "olho por olho" todos terminaremos cegos.

30. Gestos Inesquecíveis

"Você nem sempre terá o que deseja, mas enquanto estiver ajudando os outros, encontrará os recursos de que precisa."

André Luiz

CERTO DIA, SALTANDO NA Estação Central do Brasil, presenciei um fato que tocou a minha sensibilidade. Um guarda ferroviário ajudava um senhor idoso, que puxava da perna direita e tinha a mão paralisada do mesmo lado, a subir uma escada da estação, conduzindo-o até o trem de Japeri.

O que me chamou mesmo a atenção era o carinho do funcionário, é bem verdade remunerado para a função, mas que demonstrava uma solicitude para com o senhor idoso. Levou-o até o interior do vagão do trem, ajudando-o a sentar tranquilamente e ainda pediu ao passageiro do lado que o ajudasse a saltar na estação do seu destino.

Esse gesto, que não foi esquecido por mim, um simples ser humano, evidentemente não o será por Deus, a Suprema Bondade do Universo.

* * *

Outro fato digno de ser lembrado ocorreu quando, fazendo uma oração junto ao leito de Dona Joaquina, internada no Hospital Santa Maria, fiquei muito emocionado ao perceber um espírito emitindo raios de luz em direção a ela e envolvendo-a com muita ternura e amor. Ao descer a ladeira do hospital, indo para casa, ouvi essa entidade me dizer que se chamava Albertina.

No domingo seguinte, por curiosidade, perguntei à dona Joaquina se ela tinha algum parente com o nome de Albertina. Ela respondeu-me que não. Mas em seguida lembrou que Albertina tinha sido vizinha dela por volta de 1930 e, por estar tuberculosa e sem ninguém para cuidá-la, ela fazia sua comida, dava-lhe banho, penteava seus cabelos, e Albertina acabou morrendo em seus próprios braços.

Mas Albertina, regressando ao mundo espiritual, não esqueceu da sua bondosa vizinha, que na Terra ajudou-a sem esperar nenhuma recompensa; quarenta anos depois, voltava para ajudar Joaquina, que também contraíra a tuberculose, como prova de gratidão pelos seus gestos inesquecíveis de solidariedade. Meses depois, encontrei-a no Méier totalmente curada e feliz da vida.

* * *

Certa feita, por volta das 11 horas da noite, na Av. Gomes Freire, deparei-me com uma pobre senhora sentada à porta de uma loja fechada, acompanhada de um menino de uns 8 anos. Dirigi-me a ela perguntando se necessitava de alguma coisa, ao que me respondeu, um tanto alcoolizada, que estava ali na rua sem lugar para dormir, e que o culpado por aquela situação era seu filho.

Nesse momento, o menino dirigindo-me um olhar de profunda tristeza, frente ao desequilíbrio de sua mãe, e da acusação injusta que ela lhe fazia, não disse uma palavra sequer para se defender ou para reprová-la. Apenas vi uma lágrima rolar de seus olhos tristes. Apenas uma lágrima de resignação! Quando me lembro desse gesto daquele menino triste da Gomes Freire, não posso conter as lágrimas. E posso afirmar que nunca vi tamanha grandeza moral em toda a minha vida, como a daquela criança.

* * *

Mas o gesto mais inesquecível inegavelmente, foi o de Jesus que, no alto da cruz, diz, tomado de profunda compreensão para com seus algozes:

"Pai, perdoa-lhes, porque não sabem o que fazem!"

31. Perdão Evitou a Morte

> “Se Jesus nos recomendou amar os inimigos, imaginemos com que imenso amor nos compete amar aqueles que nos oferecem o coração?”

É MUITO COMUM nós ouvirmos a respeito do perdão as seguintes expressões: “eu perdoo, mas não esquecerei jamais o que ele me fez”; outra: “eu perdoo, mas não quero vê-lo, nem pintado de ouro”, e vai por aí. Ora, perdão significa esquecimento total da ofensa recebida. É não guardar mágoa do ofensor. É não desejar nenhum mal para o inimigo. Eu sei que isso é difícil, mas não é impossível.

Para provar que não é impossível, eu recordo um fato em que o perdão evitou a morte. Certa vez, tive um vizinho intolerante. Ele não devolvia a bola às crianças, quando ela caía no jardim de sua casa.

Um dia, o pai de um deles foi pedir a devolução de mais uma bola de plástico, e mais uma vez o vizinho intolerante também não a devolveu. Em razão disso, os dois discutiram e se tornaram inimigos.

Mas como a vida ensina a gente a viver bem com todos, em todas as circunstâncias, aconteceu de o vizinho intolerante passar muito mal do coração num domingo à tarde.

A esposa não teve outro jeito senão pedir socorro ao pai do menino que morava em frente, para levá-lo com urgência para o hospital, pois ele era o único morador que se encontrava na vila e tinha carro.

Quanto regressei à minha casa e tomei conhecimento do sucedido, fui visitar o vizinho intolerante. Fiquei emocionado ao vê-lo deitado, e na beira da cama estava o pai da criança conversando amigavelmente e animando o seu "ex-inimigo". E o mais curioso, ao seu lado seis bolas devolvidas.

Perdão é isso aí. É ajudar o inimigo na hora em que ele mais precisar. Esse foi um gesto de grandeza moral, de coragem moral.

Para sermos felizes devemos desculpar "não sete vezes, mas setenta vezes sete" segundo Jesus. Afinal, também somos capazes de errar.

32. A Grande Vitória de Vanderlei

"A harmonia cria raios de paz."
André Luiz

QUEM ASSISTIU ÀS Olimpíadas de Atenas pela televisão não pode esquecer a atitude determinada de Vanderlei Cordeiro de Lima em continuar correndo, mesmo depois de ter sido interrompido, lamentavelmente, pelo insano irlandês. Suas declarações sobre o episódio, perdoando aquele que intencionalmente tirou a sua grande oportunidade de chegar em primeiro lugar, deram um exemplo digno que deve ser seguido por todos nós.

Vanderlei, agindo dessa maneira, nos legou três lições de vida: a primeira foi a sua garra, a sua determinação em não desistir da prova. Esse exemplo serve para nós, para que diante dos obstáculos naturais da vida, nunca desistamos de lutar. Seja contra a doença física, o desemprego ou as injustiças: o importante é enfrentar as provas e caminhar em direção à solução dos problemas. Desanimar jamais!

A segunda lição foi a de aceitar, sem revolta, a medalha de bronze, com humildade, e sorriso nos lábios. Assim, também na vida, é importante aceitarmos sem reclamação o que dela recebemos, pois a inconformação não nos leva a nada. Até pelo contrário, ela gera a insatisfação que envenena a todos os que vivem à nossa volta.

A terceira lição dada por Vanderlei foi a de não reagir com rancor diante do inusitado acontecimento e perdoar aquele que tanto o prejudicou. Essa atitude prova a grandeza de sua alma ao agir como um verdadeiro Cristão. Sem ressentimento, sem ódio, sem desejo de vingança. Sobre esse assunto, diz o poeta desencarnado Cornélio Pires, pelo médium Chico Xavier:

> "Ressentimento onde esteja,
> Traz sempre como é notório,
> Muita doença imprevista,
> Muita ficha em sanatório".

E aconselha em outra:

> "Se você sofreu ofensa,
> Lembre o perdão de Jesus,
> Quem se ofende ajunta sombras,
> Quem perdoa tem mais luz".

O maratonista injustiçado entendeu e vivenciou duas máximas de Jesus proferidas no célebre Sermão da Montanha. A primeira delas: "Bem-aventurados os que são brandos, porque possuirão a Terra", e a segunda: "Bem-aventurados os pacíficos, porque serão chamados filhos de Deus". Dessa forma, apesar de ter subido na terceira posição no pódio olímpico, Vanderlei subiu ao pódio da evolução espiritual em primeiro lugar.

33. O Antibiótico da Alma

"O Amor é uma força que transforma o destino."
André Luiz

VOCÊ SABIA QUE muitas pessoas ficam doentes por não perdoarem o próximo? Isso acontece porque seus pensamentos de mágoa intoxicam a mente, o coração e outros órgãos. E a coisa piora quando a pessoa ainda sente ódio e desejo de vingança. Outras pessoas também adoecem por carregarem culpa dentro de suas consciências, sentindo o peso do remorso por não se autoperdoarem.

De fato, tanto a mágoa quanto a culpa causam enfermidades físicas, mentais, emocionais e espirituais na criatura humana, se ela não faz uso do antibiótico disponível na farmácia de sua alma, que é o perdão.

A propósito, lembro-me de que certo dia comentava a necessidade do perdão para mantermos a saúde física e espiritual, num Grupo Espírita que funciona nas dependências de um hospital para tratamento da tuberculose, quando fui interrompido por um enfermo na assistência, visivelmente revoltado.

Ao levantar-se, ele me perguntou, demonstrando muito ódio em suas palavras, de que forma poderia perdoar seu pai, pois, quando criança, ele arremessou um anzol com uma vara de pescar em cima dele para castigá-lo, e, ao puxá-lo violentamente, rasgou suas costas franzinas, deixando-as em carne viva!

Nisso, os outros enfermos, vendo a sua grande revolta, passaram a confortá-lo, apelando para que ele tivesse coragem para perdoar, e nós também mostramos que isso seria o melhor para ele. Pois bem, ao fazer a prece final da reunião, rogando a Jesus forças para que aquele doente arrancasse o ódio de seu coração, ele começou a chorar e em voz alta pediu a Deus que perdoasse seu genitor pela maldade cometida contra ele, pedindo também paz para seu coração de filho magoado e cansado de odiar.

Resultado: 60 dias após o perdão concedido ao seu pai, ele nos procurou na reunião do Grupo Espírita, dizendo ter recebido alta do tratamento da tuberculose, voltando curado para casa. Foi por isso mesmo que Jesus fez a seguinte recomendação: "'Reconcilia-te com teu adversário enquanto estás a caminho com ele", porque o ato de reconciliação deve ocorrer primeiro conosco, se nos sentirmos ofendidos, e depois com o nosso adversário.

Portanto, se você quer ter paz e saúde, use o remédio mais eficaz para isso: o perdão, que não é vendido nas farmácias, mas encontra-se à sua disposição dentro de você. E mais: não custa nada, apenas a sua decisão!

34. Um Exemplo a Seguir - Chico Xavier

CHICO XAVIER NASCEU EM Pedro Leopoldo, pequena cidade de Minas Gerais, próxima à capital, Belo Horizonte, batizado com o nome de Francisco de Paula Cândido, filho do operário João Cândido Xavier e da lavadeira Maria João de Deus. Em abril de 1966, pediu a retificação de seu nome para Francisco Cândido Xavier, o que lhe foi judicialmente autorizado. Aposentou-se como funcionário público federal. Veio a desencarnar no dia 30 de junho de 2002, em Uberaba (MG), cidade onde viveu a partir de janeiro de 1959.

Chico não conheceu repouso. Com sacrifício de sua própria saúde, consolou e enxugou as lágrimas dos milhares de sofredores que o procuravam em Pedro Leopoldo, e depois em Uberaba, até o final de sua existência.

O médium mineiro foi um ser humano que levou uma vida simples e humilde, sem apego às coisas materiais, sendo uma das personalidades mundiais sempre lembradas para receber o Prêmio Nobel da Paz. Viveu às custas do próprio trabalho como operário, balconista e modesto funcionário público, sem receber qualquer tipo de remuneração a título de direitos autorais pela venda dos livros recebidos mediunicamente. É bom frisar – Chico Xavier nasceu pobre e morreu pobre.

Diante disso, podemos afirmar que Chico Xavier nunca se transviou de sua missão, pois segundo o Instrutor Espiritual Erasto, na resposta à pergunta de Allan Kardec, no item 4, do Capítulo XX, de *O Evangelho Segundo o Espiritismo,* os sinais pelos quais reconheceremos os chamados para o Espiritismo e que se acham no bom caminho, diz textualmente:

> Reconhecê-los-eis pelos princípios da verdadeira caridade que eles ensinarão e praticarão. Reconhecê-los-eis pelo número de aflitos a que levem consolo; reconhecê-los-eis pelo seu amor ao próximo, pela sua abnegação, pelo seu desinteresse pessoal; reconhecê-los-eis, finalmente, pelo triunfo de seus princípios, porque Deus quer o triunfo de Sua lei; os que seguem Sua lei, esses são os escolhidos e Deus lhes dará a vitória; [...].

Pelo visto, Chico Xavier enquadra-se totalmente em todos esses itens do Espírita que foi chamado para o Espiritismo e que jamais se afastou da sua missão.

MINEIRO DO SÉCULO

Chico Xavier foi um exemplo de vida, de confiança, de renúncia e de bondade. Sua figura boa e humilde, que viveu em pleno século XX, foi um exemplo vivo do homem em sintonia com Jesus, iluminado pela Doutrina Espírita codificada por Allan Kardec, razão pela qual foi o vencedor do concurso realizado pela TV Globo de Minas Gerais para eleger "O Mineiro do Século". Ele recebeu 704.030 votos, superando Pelé, Juscelino Kubitschek e Santos Dumont. Em razão disso, a revista Época publicou ampla matéria a respeito do fato e do Movimento Espírita no Brasil e no mundo, com a manchete: "O pastor de todas as almas". Destacou, inclusive, que "Chico Xavier, aos 90 anos de idade, atrai multidões que vão a Uberaba para um encontro com o maior expoente do Espiritismo no Brasil", e aqui acrescento: do mundo também.

A revista ressaltou que Chico, em mais de sete décadas de trabalho mediúnico, amparou aflições e distribuiu esperança. Milhares de pessoas de todas as religiões, dentre elas espíritas ou simpatizantes do Espiritismo, sempre foram confortadas pelo seu coração generoso e amigo.

Ainda segundo a revista Época de novembro de 2000, foram vendidos cerca de 25 milhões de exemplares de suas obras. É um *best-seller* no mundo da literatura. Está em primeiro lugar em vendagem o livro *Nosso Lar*, ditado pelo Espírito André Luiz. Podemos afirmar com toda certeza que Chico Xavier não foi apenas o Mineiro do Século, mas sim um homem integral, exemplo do homem do terceiro milênio.

O MAIOR BRASILEIRO DE TODOS OS TEMPOS

A grande final de O Maior Brasileiro de Todos os tempos aconteceu na noite do dia 3 de outubro de 2012, na sede do SBT, em São Paulo. Após encerrada a votação, o jornalista Carlos Nascimento anunciou Chico Xavier como o grande vencedor da competição.

Chico Xavier sempre foi considerado um mensageiro do amor. Um homem sereno e humilde que tocou o espírito de seus seguidores. Com apenas 21 anos, psicografou o primeiro livro. Logo viriam mais publicações, os elogios e as críticas. Durante toda a sua vida, ele teve que lidar com acusações e desconfianças dos descrentes na sua obra. Sua mensagem chegou a milhões de pessoas. Muitos são os relatos de vidas transformadas através das suas palavras.

Chico Xavier foi um dos maiores expoentes do Espiritismo no Século XX. Da infância pobre ao reconhecimento internacional, ele nunca pensou nele, e sim somente no próximo.

Depois de conhecer seu guia espiritual, Chico levou o dom psicográfico às livrarias. Autores falecidos puderam continuar suas obras através do médium. Foram mais de 400 obras psicografadas e publicadas em diversos idiomas, uma vendagem superior a 50 milhões de exemplares.

Chico Xavier nunca ficou com um centavo do dinheiro arrecadado com as vendas. Toda renda, desde o seu primeiro livro, foi destinada a instituições espíritas e a seus trabalhos sociais, que ajudaram sempre os mais necessitados.

O médium recebeu dezenas de homenagens de várias cidades. Porém, humildemente achava que esta admiração pertencia à doutrina espírita e não a ele.

Chico também era uma ponte de conforto para milhares de mães que buscavam nele a esperança de contato com os filhos já mortos. Um trabalho que passou a ter notoriedade graças ao seu empenho e disciplina.

Chico Xavier

35. Você é Capaz de Partir o Pão?

O SONETO "ATO DE CARIDADE", do mineiro nascido em Congonhas, Djalma Andrade, foi considerado pela Academia de Letras de Portugal como um dos doze sonetos mais bonitos da língua portuguesa.

Diz o poeta dirigindo-se à Mãe de Jesus:

Que eu faça o bem e de tal modo o faça,
Que ninguém saiba o quanto me custou.
– Mãe, espero em ti mais esta graça:
– Que eu seja bom sem parecer que o sou.

Que o pouco que me dês me satisfaça,
E se, do pouco mesmo, algum sobrou,
Que eu leve esta migalha onde a desgraça
Inesperadamente penetrou.

Que a minha mesa, a mais, tenha um talher,
Que será, minha mãe, Senhora nossa,
Para o pobre faminto que vier.

Que eu transponha tropeços e embaraços:
Que eu não coma, sozinho, o pão que possa
Ser partido, por mim, em dois pedaços".

De fato, quando somos egoístas sentimos dificuldade em partir o pão em dois pedaços para oferecer o outro a quem precisa. O poeta muito inspirado, falando da caridade neste soneto, fez-me lembrar da mensagem de São Vicente de Paulo, em *O Evangelho Segundo o Espiritismo*, quando exorta-nos: "Sede bons e caridosos, essa a chave dos céus, chave que tendes em vossas mãos. Toda a eterna felicidade está contida neste preceito: "Amai-vos uns aos outros." Não pode a alma elevar-se às altas regiões espirituais, senão pelo devotamento ao próximo; somente na caridade encontra ela ventura e consolação. Sede bons, amparai os vossos irmãos, deixai de lado a horrenda chaga do egoísmo".

Sobre esse mal da humanidade, também em *O Evangelho Segundo o Espiritismo*, encontramos a mensagem de Emmanuel que diz: "O egoísmo, chaga da Humanidade, tem que desaparecer da Terra... O egoísmo é, pois, o alvo para o qual todos os verdadeiros crentes devem apontar suas armas, dirigir suas forças, sua coragem. Digo: coragem, porque dela muito mais necessita cada um para vencer-se a si mesmo, do que para vencer os outros". Eis porque Allan Kardec asseverou: "Fora da caridade não há salvação".

"A investigação e a cultura erguerão universidades e academias, onde o pensamento se entronize vitorioso; entretanto, somente a caridade possui as chaves do coração humano para fazer a vida melhor."

Thereza - Médium Chico Xavier - Livro *Caridade*

36. Fora da Caridade não há Salvação

> "Se Allan Kardec tivesse escrito que 'fora do Espiritismo não há salvação', eu teria ido por outro caminho. Graças a Deus ele escreveu 'Fora da Caridade', ou seja, fora do Amor não há salvação."
>
> Chico Xavier

EM *O EVANGELHO SEGUNDO O ESPIRITISMO*, Allan Kardec apresenta oportuno comentário no capítulo XV, após os trechos extraídos dos relatos de Mateus e de Lucas, sobre o que precisa o Espírito para ser salvo, segundo Jesus, e da parábola do bom samaritano, narrada também pelo Cristo, que é o seguinte:

"Toda a moral de Jesus se resume na caridade e na humildade, isto é, nas duas virtudes contrárias ao egoísmo e ao orgulho. Em todos os seus ensinos, ele aponta essas duas virtudes como as que conduzem à eterna felicidade: Bem-aventurados, disse, os pobres de espírito, isto é, os humildes, porque deles é o reino dos céus; bem-aventurados os que têm puro o coração; bem-aventurados os que são brandos e pacíficos; bem-aventurados os que são misericordiosos; amai o vosso próximo como a vós mesmos; fazei aos outros o que quereríeis vos fizessem; amai os vossos inimigos; perdoai as ofensas, se quiserdes ser perdoados; praticai o bem sem ostentação; julgai-vos a vós mesmos, antes de julgardes os outros. Humildade e caridade, eis o que não cessa de recomendar e o de que dá, ele próprio, o exemplo. Orgulho e egoísmo, eis o que não se cansa de combater. E não se limita a recomendar a caridade; põe-na claramente e em termos explícitos como condição absoluta da felicidade futura.

No quadro que traçou do juízo final, deve-se, como em muitas outras coisas, separar o que é apenas figura, alegoria. A homens, como os a quem falava, ainda incapazes de compreender as questões puramente espirituais, tinha ele de apresentar imagens materiais chocantes e próprias a impressionar. Para melhor aprenderem o que dizia, tinha mesmo de não se afastar muito das ideias correntes, quanto à forma, reservando sempre ao porvir a verdadeira interpretação de suas palavras e dos pontos sobre os quais não podia explicar-se claramente. Mas, ao lado da parte acessória ou figurada do quadro, há uma ideia dominante: a da felicidade reservada ao justo e da infelicidade que espera o mau.

Naquele julgamento supremo, quais os considerandos da sentença? Sobre que se baseia o libelo? Pergunta, porventura, o juiz se o inquirido preencheu tal ou qual formalidade, se observou mais ou menos tal ou qual prática exterior? Não; inquire tão somente de uma coisa: se a caridade foi praticada, e se pronuncia assim: Passai à direita, vós que assististes os vossos irmãos; passai à esquerda, vós que fostes duros para com eles.

Informa-se, por acaso, da ortodoxia da fé? Faz qualquer distinção entre o que crê de outro? Não, pois Jesus coloca o samaritano, considerado herético, mas que pratica o amor do próximo, acima do ortodoxo que falta com a caridade. Não considera, portanto, a caridade apenas como uma das condições para a salvação, mas como a condição única. Se outras houvesse a serem preenchidas, ele as teria declinado. Desde que coloca a caridade em primeiro lugar, é que ela implicitamente abrange todas as outras: a humildade, a brandura, a benevolência, a indulgência, a justiça etc. e porque é a negação absoluta do orgulho e do egoísmo."

Este livro foi impresso nas oficinas gráficas da Editora Vozes Ltda.,
Rua Frei Luís, 100 – Petrópolis, RJ.